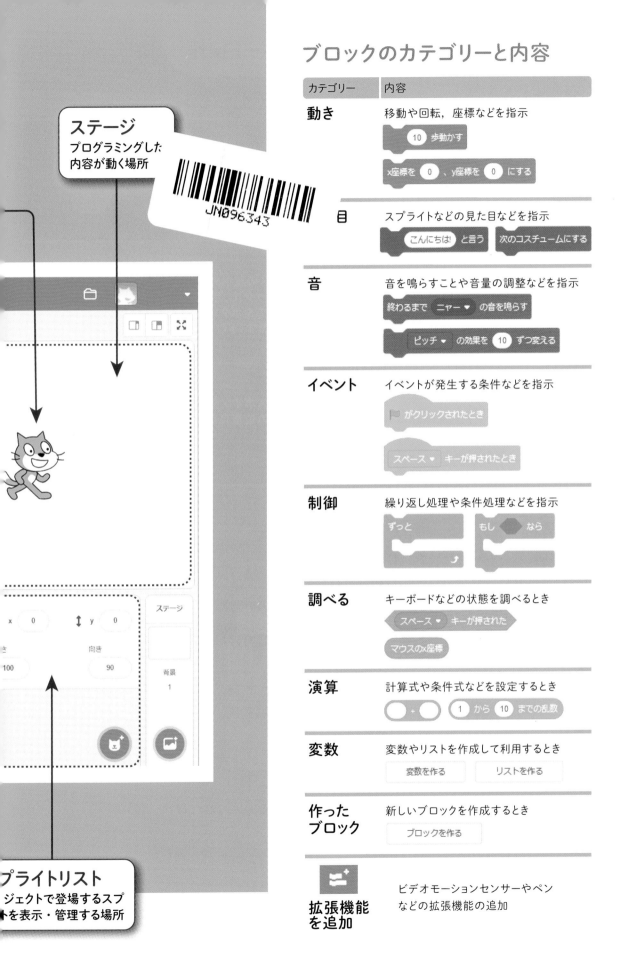

ステージ
プログラミングした内容が動く場所

プライトリスト
ジェクトで登場するスプ♦を表示・管理する場所

x 0   ↕ y 0

100   向き 90

ステージ

背景
1

ブロックのカテゴリーと内容

カテゴリー	内容
動き	移動や回転，座標などを指示 10 歩動かす x座標を 0 、y座標を 0 にする
目	スプライトなどの見た目などを指示 こんにちは! と言う 次のコスチュームにする
音	音を鳴らすことや音量の調整などを指示 終わるまで ニャー ▼ の音を鳴らす ピッチ ▼ の効果を 10 ずつ変える
イベント	イベントが発生する条件などを指示 ▶ がクリックされたとき スペース ▼ キーが押されたとき
制御	繰り返し処理や条件処理などを指示 ずっと もし ◆ なら
調べる	キーボードなどの状態を調べるとき スペース ▼ キーが押された マウスのx座標
演算	計算式や条件式などを設定するとき ◯ + ◯ 1 から 10 までの乱数
変数	変数やリストを作成して利用するとき 変数を作る リストを作る
作った ブロック	新しいブロックを作成するとき ブロックを作る
拡張機能 を追加	ビデオモーションセンサーやペンなどの拡張機能の追加

プログラミングのためのマウス&キーボード操作

▶マウスの操作

クリック
マウスの左ボタンを1回，カチッと音がするように押すこと。

ダブルクリック
マウスの左ボタンを，カチッカチッと連続で音がするように2度連続で押すこと。

ドラッグ
マウスの左ボタンを押したまま，マウスを移動すること。

ドラッグ&ドロップ
マウスの左ボタンを押したまま，マウスを移動（ドラッグ）し,目的の場所で左ボタンから手を離す（ドロップ）こと。

スクロール
マウス中央にあるホイールを回転させることで，画面を上下に動かすこと。

ポイント
マウスポインターを目的の位置に置くこと。
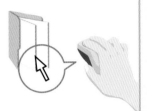

▶キーボード

- ●ファンクションキー
- ●テンキー（数値キーや符号キーが独立したもの）
- ●エスケープキー（実行中の動作を終了）
- ●バックスペースキー（カーソルの前の文字・数値を削除する）

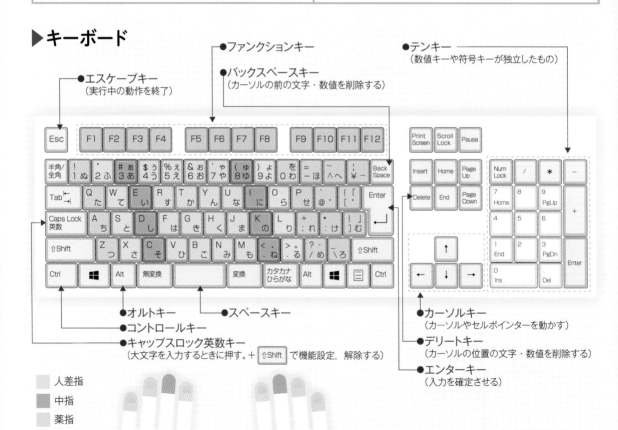

- ●オルトキー
- ●スペースキー
- ●コントロールキー
- ●キャップスロック英数キー（大文字を入力するときに押す。+ ⇧Shift で機能設定，解除する）
- ●カーソルキー（カーソルやセルポインターを動かす）
- ●デリートキー（カーソルの位置の文字・数値を削除する）
- ●エンターキー（入力を確定させる）

人差指 / 中指 / 薬指 / 小指

事例でまなぶ
プログラミングの
基礎

目次

本書の使い方 ──────────── 2

1章 プログラムの基本

1 問題解決の手順を考えよう★──── 4
　アルゴリズム
2 手順をフローチャートで表してみよう★── 6
　フローチャート／図式化
3 プログラミングを学ぼう★───── 8
　プログラミング

2章 アルゴリズムの作成

1 順次構造の基本を学ぼう★───── 10
　順次構造
2 選択構造の基本を学ぼう★───── 12
　選択構造（分岐構造）
3 繰り返し構造の基本を学ぼう★─── 14
　繰り返し構造（反復構造）
4 選択構造と繰り返し構造を
　組み合わせてみよう─────── 16
　選択構造／繰り返し構造

3章 プログラミング基礎編

1 プログラミングの基礎知識を学ぼう★── 18
　演算子／変数／代入／変数の初期化
2 順次構造のプログラミングを学ぼう★── 20
　順次構造／代入／演算子／割合の計算
3 選択構造のプログラミングを学ぼう★── 24
　選択構造／選択の条件／うるう年の計算
4 繰り返し構造のプログラミングを学ぼう★── 28
　繰り返し構造／繰り返しの条件／リスト

4章 プログラミング実践編

1 合計を求めるプログラムを作成しよう── 32
　初期値の設定／変数の型／繰り返し構造
2 エンゲル係数を計算するプログラムを
　作成しよう───────────── 36
　割合／エンゲル係数
3 ボウリングのスコアの平均を求めよう── 40
　平均／ゼロ除算
4 最大値を探すプログラムを
　作成しよう───────────── 44
　最大値
5 配列を使って金種計算をしよう──── 48
　配列／添字
6 関数を定義して使ってみよう───── 54
　関数／引数／戻り値（返り値）／関数の定義

付録

Scratch 操作説明編 ───────── 59
Excel VBA 操作説明編 ─────── 74
デバッグ（エラー処理）──────── 94
落ちてくるリンゴを拾うゲームを作ろう── 98

番号順に並べ替えるアルゴリズムを作ろう
────────────────── 103
略解 ───────────────── 109
さくいん ──────────────── 110

本書の使い方

身近な学校生活を例に，
マンガ形式で問題を提起しています。

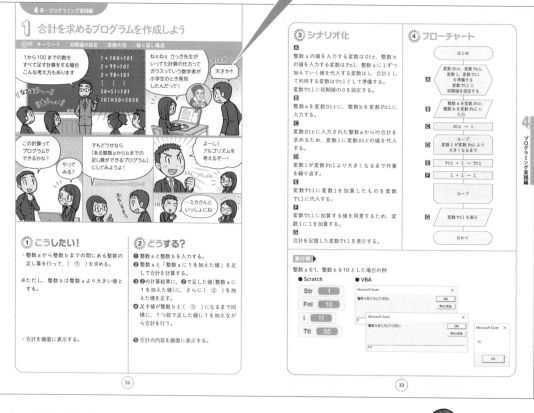

●おもな登場人物

サトシ

運動が大好きで，好奇心旺盛。
コンピューター系は苦手だが，持ち前の
根気強さでプログラミングに挑む。

ミカ

サトシのクラスメイト。
パソコン部に所属していて，
面倒見がよい性格。

Step1 こうしたい！※
マンガを受けて，問題の内容を箇条書きで洗い出します。

Step2 どうする？※
コンピューターを使って，問題解決する際の処理内容を大まかにまとめます。

Step3 シナリオ化
大まかにまとめた処理内容をコンピューターが処理できるように細かく文章化します。

Step4 フローチャート
作成したシナリオを視覚化するため，フローチャートにして組み立てます。

Step5 プログラム
作成したフローチャートをもとに，プログラミング言語を用いてプログラムを作成します。

※穴埋め問題になっています。2章は用意された選択肢から選び，3章と4章は自分で考えて解く形で，段階的に学べるよう工夫しています。

各節で学んだプログラミングに関する
重要事項や考え方をまとめています。

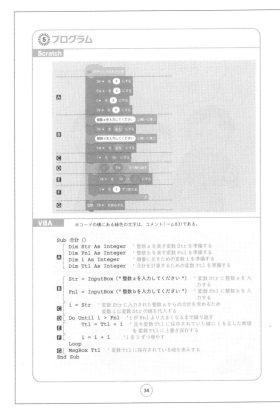

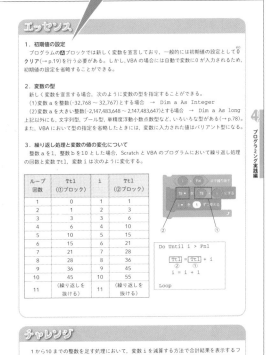

各節で学習したことを踏まえて，
類題や難問にチャレンジします。

- ▶ 1 章は，マンガ→キーワード→エッセンスで構成しています。

- ▶ 2 章は，プログラム作成前の Step1 〜 Step4 までで構成しています。

- ▶ 3 章は，Scratch のみの簡単なプログラミング，4 章では Scratch/Excel VBA でのプログラミングと，ステップアップでプログラミングに必要な力を養えるように構成しています。

- ▶ プログラミングを学習する上で，最低限押さえておきたい節には，各節のタイトル横に★を付けています。

- ▶ 巻末には，Scratch と Excel VBA の操作説明を付録として収録しています。

ダウンロードデータ

テキスト内に掲載されているプログラムデータ (Scratch/Excel VBA) は，
https://www.jikkyo.co.jp/download/
からダウンロードできます。

（「事例でまなぶプログラミングの基礎 Scratch・VBA編」で検索を行ってください。）
　なお，本書では扱っていないプログラミング言語の JavaScript のプログラムデータもご用意いたしました。

1 問題解決の手順を考えよう ★

ポイント

　ある問題を解決・処理するためには，事前に簡潔かつ正確な段取りを考える。校外学習などで，見知らぬ土地へ出かける場合には現地のようすがわからないので，しっかりと準備したほうがよい。地図上の平面的な距離が近くても，実際には起伏の多い土地で，所要時間が想定よりも長くなる場合がある。また，場所によっては晴れの日と雨の日で交通事情が異なってくるといったことも考慮しなくてはならない。

　このように，作業や計画などにおいて，前もって全体の流れについて把握し，事がうまく運ぶように整えることが大切であり，これを**段取り**という。「段取り八分，仕事二分」という言葉があるように，問題解決や処理の前に手順を考えたり，確認したりすることが非常に重要である。

キーワード

　【アルゴリズム】　問題を解決するためには，最初に何らかの処理手順を考える必要がある。例えばはじめて料理を作るとき，調理を開始する前にレシピを用意し，必要な食材とともに調理手順を確認するのと同じである。このように問題を解決するために定められた処理手順のことを，コンピューターの世界ではアルゴリズムと呼ぶ。まず最初に，アルゴリズムを作成することがプログラミングでは重要である。

エッセンス

　処理の内容や時間に無駄がないように全体の適切な流れを把握し，手順を事前に検討・理解することがアルゴリズムを作成するうえで重要である。現代社会では，コンピューターのシステムや家電製品などそれぞれにとって，最適なアルゴリズムがすでに多く作成されている。

　しかし，未解決の問題や処理については手順化されていないケースがあり，新たにアルゴリズムを考えなければならない。

　なお，新規のアルゴリズムを作成する際には，次の手順で行うとよい。

❶ **問題の明確化と全体的な流れの整理（人間としてこうしたい！）**
　・解決しようとする目標を明らかにする
　・目標に到達するまでの全体的な流れを整理する

❷ **問題の解決策を検討する（コンピューターとしてどうする？）**
　・コンピューターの中で実現できるように，大まかな処理の流れを考える

❸ **シナリオ化**
　・さらに各処理ごとに細かく書き出してみる

❹ **図式化**
　・❸で書き出した各処理を順番とともに見やすいように図で表す

2 手順をフローチャートで表してみよう ★

ポイント

　フローチャートとは，アルゴリズムとして示された手順や処理の内容をさらにわかりやすくするために図式化したものである。図式化といっても，独自の方法で図式化すると，アルゴリズムを作成した人以外にはわかりづらかったり，誤解を招いたりする場合がある。そこで，フローチャートを作成する場合には，決められたルールに従って書くことが要求される。

キーワード

【フローチャート】　フローチャートは，それぞれの処理をある決まった記号で表し，線や矢印を用いて流れの順番を表す。これにより，アルゴリズムを図で表すことができる。また，フローチャートには以下のような特徴がある。

・問題解決の流れが視覚的で明確である
・手順に問題があるときに，誤りの発見や修正が容易にできる
・フローチャートの作成者以外でも，容易に理解することができる

【図式化】　フローチャート以外にも，基本構造のみでアルゴリズムを図式化する**構造化チャート**が開発されており，代表的な例にPAD(Problem Analysis Diagram)，NSチャート(Nassi-Shneiderman chart)などがある。

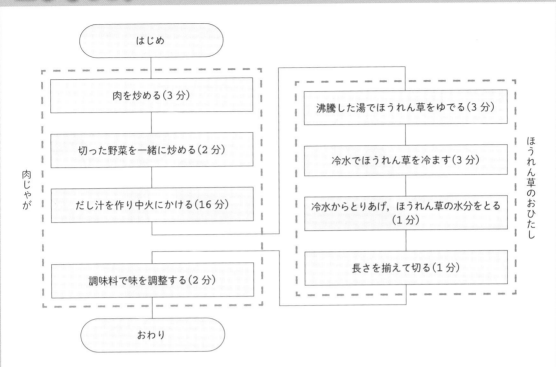

上図は，調理実習におけるフローチャートを献立別に左右に分けて記載した例である。それ
ぞれの工程や項目を分けて記述することで，フローチャートの作成者以外でも見やすくなり，
誤解を招きにくくすることができる。また，フローチャートの記号は JIS（日本産業規格）で決
められており，主な記号は下図に示すとおりである。

記号と名称	意味
端子	プログラムの開始，終了または外部からの入口，外部への出口を表す。
準備	初期値設定など，事前の準備を表す。
データ	媒体を指定しないデータからの入力や出力を表す。
処理	演算，代入など任意の種類の処理を表す。
結合子	フローチャートの別の場所への出口や別の場所からの入口を表す。対応する結合子には同じ名前を付ける。

記号と名称	意味
定義済み処理	別の場所で定義された処理を表す。
ループ始端	繰り返し処理（ループ）のはじめとおわりを表す。それぞれに同じ名前を記述する。
ループ終端	
判断	記号の中に記述された条件に従って，処理を分岐する。
線	データや制御の流れを表す。流れの向きを示すときは矢印を付ける。

3 プログラミングを学ぼう ★

ポイント

　私たちは，友人に何かをお願いするとき，一般的に言葉を用いて相手に内容を伝える。同じように，コンピューターにある処理を実行してもらうためには，コンピューターが理解できる言語（言葉）を用いて手順を説明する。それがプログラムを作成（プログラミング）するということである。このときに用いる言語のことを，**プログラミング言語**という。プログラミング言語には，さまざまな種類があり，その言語に応じた特徴を持っている。

キーワード

【**プログラミング**】　アルゴリズムや流れ図で表される処理の手順に従って，プログラミング言語を用いてプログラムを作成することをプログラミングという。
　プログラミングの際には，次の点に注意するとよい。

・**1行の命令文をなるべく短く，正確に作成する**
　　→コンピューターはプログラム通りに動くため，正確に作成しないと正しい結果が得られない。

・**プログラミング言語の文法に従う**
　　→印刷など，同じ命令でも言語の種類によって表記が異なる場合がある。

・**他の人が見てもわかりやすいプログラムを作成する**
　　→プログラムは，作成した本人だけが活用するとは限らない。

　作成したプログラムは，多くの場合，実際に実行してみることで，正常に動作・処理できているかどうかを確認する。正しく動作・処理できていない場合には，誤っている場所を調べて誤りを修正する必要がある。この作業のことを**デバッグ（debug）**という。バグ（bug）には，「虫」や「誤り」という意味があり，これらを取り除く（de-）作業であることがデバッグ（debug）の語源であるといわれている。

　また，プログラミング言語には次のような用途や種類がある。ただし，言語によっては複数の用途に利用されていることもあり，ここに表記した限りではない。

プログラミング言語の種類

マクロ

VBA(Visual Basic for Applications)
など

作業の自動化が出来る点が特徴的である。

教育・学習

Scratch, Basic, LOGO など

プログラミング学習用の言語で，最近ではマウスだけで操作ができるビジュアルプログラミングソフトも出てきている。

プログラム開発（組み込み）

C, C++, Java など

家電製品などのシステムに組み込まれて使われている。

データ分析

R, Python など

研究などのデータ分析に使われている。

Web ページ

HTML, CSS, JavaScript など

Web サイト，Web ページ作成などに使われる。

サーバーサイド

Java, Kotlin, Ruby, PHP など

Web アプリケーション開発に利用されている。

1 順次構造の基本を学ぼう ★

⊙🗝 キーワード □順次構造

1 こうしたい!

・(①)の金額を入力する。

・(②)の計算式を考える。
　　税別金額×(1 + (③))

・計算された金額を表示する。

【語群】　ア. 消費税率　　イ. 税込金額
　　　　　ウ. 税別

2 どうする?

❶ (④)の金額を入力する。

❷ (⑤) = 入力された金額×(1 + (⑥))
　を計算する。

❸ ❷で計算された金額を表示する。

【語群】　ア. 税込金額　　イ. 消費税率
　　　　　ウ. 税別

③ シナリオ化

A

税別の金額(以下,税別)を入力する。

B

税込の金額(以下,税込)の計算をする。

$\begin{pmatrix}\text{なお,消費税は10\%であるため,小数}\\\text{に直すと0.1。よって,計算式は}\\\quad\text{税込＝税別＋税別×消費税率}\\\text{つまり}\\\quad\text{税込＝税別×(1＋消費税率)}\\\text{よって,(1＋消費税率)の部分は1.1}\\\text{となる。}\end{pmatrix}$

C

計算によって求められた税込を表示する。

④ フローチャート

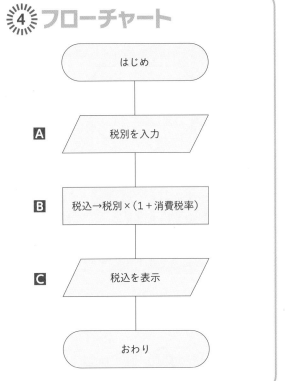

エッセンス

　順次構造とは,「はじめ」から開始し,原則として上から下へ,順番に「おわり」まで処理が進むような構造のことである。なお,複数行にわたるときは,左から右へ処理が進むように記述する。

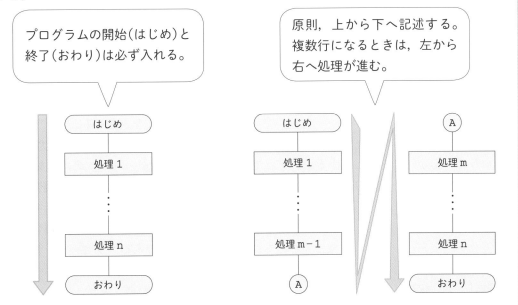

2 選択構造の基本を学ぼう

1 こうしたい!

・今年の売上を計算するため,金券の(①)を入力する。

・今年の売上と昨年の売上を(②)する。
・今年の売上が昨年を超えているか,そうでないかで異なる(③)を表示する。

【語群】 ア.枚数　イ.比較
　　　　ウ.メッセージ

2 どうする?

❶金券(10円と100円の2種類とする)の(④)を入力する。
❷「今年の(⑤)=10円券×枚数+100円券×枚数」を計算する。
❸昨年の売上を入力する。
❹❷で計算した金額と❸で入力した昨年の売上を(⑥)し,次のような処理をする。
　❷の結果>昨年の売上　の場合
　　お祝いのメッセージを表示する。
　❷の結果≦昨年の売上　の場合
　　健闘を称えるメッセージを表示する。

【語群】 ア.比較　イ.売上
　　　　ウ.枚数

③ シナリオ化

A

金券のそれぞれの枚数と昨年の売上を入力する。

B

今年の売上
　＝10 円券×枚数＋100 円券×枚数
を計算する。

C

今年と昨年の売上を比較する。
　今年の売上＞昨年の売上　の場合には
　　お祝いのメッセージを表示する。
　今年の売上≦昨年の売上　の場合には
　　健闘を称えるメッセージを表示する。

④ フローチャート

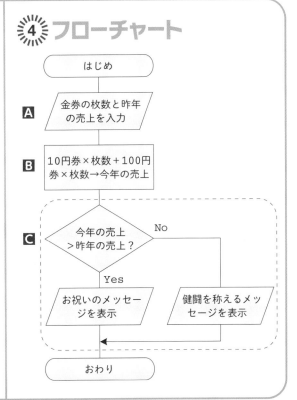

エッセンス

　ある条件に対して，真(Yes または True)のときと偽(No または False)のときとで処理が分かれる構造のことを**選択構造**（**分岐構造**）という。フローチャートで選択構造を用いるときには，次のルールを守るようにする。

選択記号の頂点から
線や矢印を出す

選択のそれぞれに
真(Yes または True)
／偽(No または False)
を書く

入力は横から入れずに
記号の上方から入れる

3 繰り返し構造の基本を学ぼう ★

⚿ キーワード　□繰り返し構造（反復構造）

あのさ
うちの学年って
文化祭で各クラス
3つのジャンルの
出しものをやったでしょ

うん

どのクラスも
お笑い・演劇・音楽
の順でやったね

そのときのようすを
クラスごとに動画
撮影してあるんだけど

これをジャンル別の
動画にもしておきたいの

クラス別　→　ジャンル別

え？

各クラスの動画を
お笑い・演劇・音楽の
ジャンルごとに分割して

最後に13クラス分
すべてを それぞれ
結合してほしいの

いんな感じ

それをぼくが
やるの…？

サトシ君
なら
大丈夫！

そうだね！
やってみるよ！

為せば成る！

プシ

アラ…

① こうしたい！

・各（　①　）の動画を3つの（　②　）に
（　③　）する。

・各（　④　）ごとに動画を（　⑤　）する。

【語群】　ア．結合　　　イ．分割
　　　　　ウ．クラス　　エ．ジャンル
　　　　　オ．反復　　　（複数選択可）

② どうする？

❶ ジャンルごとのフォルダーを作成する。
❷ クラス動画を3ジャンルに（　⑥　）する。
❸ 分割した動画をジャンルごとのフォルダーに移動する。

❹「❷❸」を全（　⑦　）クラス分（　⑧　）する。

❺ お笑いフォルダー内の動画を結合する。
❻ 演劇フォルダー内の動画を結合する。
❼ 音楽フォルダー内の動画を結合する。

【語群】　ア．13　　　イ．反復
　　　　　ウ．分割　　エ．結合

③ シナリオ化

A
ジャンルごとのフォルダーを作成する。

B
以下の**C**～**F**の作業を1組から13組まで行う。

C
クラス動画を3ジャンルに分割する。

D
お笑い動画をお笑いフォルダーに移動する。

E
演劇動画を演劇フォルダーに移動する。

F
音楽動画を音楽フォルダーに移動する。

G
お笑いフォルダー内の動画を結合する。

H
演劇フォルダー内の動画を結合する。

I
音楽フォルダー内の動画を結合する。

④ フローチャート

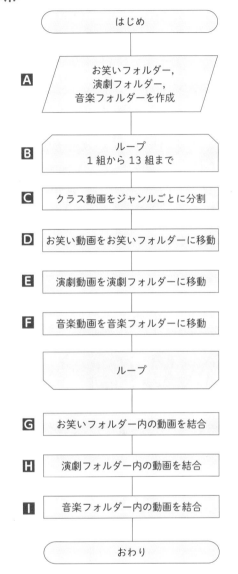

エッセンス

　コンピューターを使った作業の中には，同じ処理を何回も行う場面がよく出てくる。そのようなときには，同じ処理内容のプログラムを何度も記述するのではなく，「この部分の処理を必要な回数だけ繰り返す」というように指示するとよい。

　このような制御構造を**繰り返し構造（反復構造）**という。

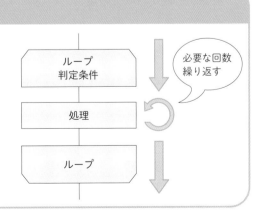

4 選択構造と繰り返し構造を組み合わせてみよう

⌾—🗝 キーワード □選択構造 □繰り返し構造

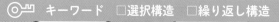

今年の文化祭は
あんまり売れ行きが
よくなかったね

う～ん…

来年はもっと
たくさん
売りたいなー

何かいい
アイデアは
ないかな

…そうだ！
たくさん買ってくれた
人に割引するのは
どうかな？

1,000円以上は
1割引に
するとか？

それ
それ！

あ でもそうすると
会計がややこしく
なるかな？

え～と

ズラ～

ボクに
できるかな？

それなら
コンピューターの画面に
割引額と支払額が
出るようにすれば
お客さんにもわかり
やすくていいんじゃない？

1000円-10%
900円

コンピューターを使えば
もっと効率的にする
方法もあるんだよ！

カンタンに
なるの？

①☀ こうしたい！

・（ ① ）を入力する。

・金額が1,000円以上の場合，（ ② ）とする。

・金額から割引額を引いて（ ③ ）を計算し，表示する。

【語群】　ア．支払額　　イ．金額
　　　　　ウ．10%　　　エ．1割引

②☀ どうする？

❶ 終了の合図がある（文化祭が終了する）まで，下記の(1)～(4)の処理を繰り返す。

(1) お客さんが来るたびに，金額を入力する。
(2) 金額が1,000円以上の場合は（ ④ ）を次のように計算し，それ以外の場合は割引しない。
　　　金額×（ ⑤ ）＝割引額
(3) （ ⑥ ）を次のように計算する。
　　　金額－割引額＝支払額
(4) 支払額を表示する。

【語群】　ア．0.1　　　イ．1
　　　　　ウ．割引額　　エ．支払額

③ シナリオ化

A

終了の合図があるまで繰り返す。

B

お客さんごとに，金額を入力する。

C

金額が1,000円以上かどうか判断する。
　金額が1,000円以上の場合には
　　割引額の計算をする。
　金額が1,000円未満の場合には
　　割引しない。

D

支払額の計算をする。

E

支払額を表示する。

④ フローチャート

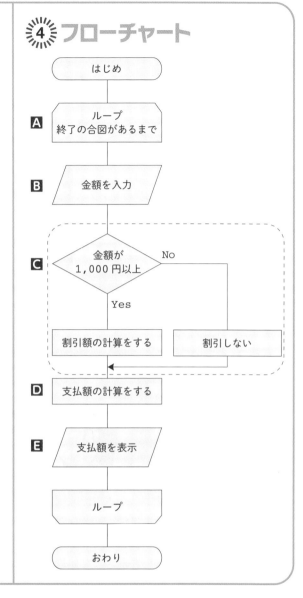

チャレンジ

次のような条件で，フローチャートを作成しなさい。

終了の合図があるまで(1)〜(5)を繰り返す。ただし，金額は100円以上とする。

(1)金額を入力する。

(2)割引後の金額を以下のように計算する。

　　　　金額×0.9 ＝割引後の金額A

(3)割引後の金額を以下のように計算する。

　　　　金額−50 ＝割引後の金額B

(4)(2)と(3)の値を比較し，小さい値を支払額とする。

(5)支払額を表示する。

1 プログラミングの基礎知識を学ぼう ★

ポイント　これまでに、順次・選択・繰り返しの3つの基本構造を学んできた。ただし、実際にプログラミングを行うと、基本構造の中で、値を足したり、比較したりといったさまざまな処理が行われる。プログラミングに必要な基礎知識を学ぼう。

キーワード

【演算子】　算術計算や数値の大小関係などを表す記号である。演算子には足し算などの算術を行う**算術演算子**や、値の大小関係を表す**関係(比較)演算子**、後述する**変数**に値を代入する**代入演算子**などがある。

Scratchでは、演算子のブロックは演算グループにまとめられている。基本的な足す・引く・掛ける・割るについて、██が押されたとき ブロックと ██と言う ブロックとともに「演算」ブロックを使った例を次に示す。「+」「-」は数学と同じだが、掛ける・割るは「*」「/」であることに注意すること。

足し算	実行例	引き算	実行例
	13		3
掛け算	実行例	割り算	実行例
	20		3

【変数】 1つのプログラムの中で，同じような数字や文字などの値を何回も入力するのは面倒なので，それらの値を格納しておけるものがあると便利である。その値を格納しておけるものを**変数**という。変数とは，値を入れて保管しておくためにメモリ上に用意された箱のようなものである。変数を利用するには，**変数の宣言**が必要であり，変数の宣言とは「値を入れておく箱を用意し，それに名前を付ける」ことである。

次に，Scratch における変数の宣言の方法を説明する。まず，変数グループを選択し， をクリックする。

すると，右のようなウィンドウが表示されるので，使いたい変数名を入力し， をクリックする（本書では「すべてのスプライト用」でよい）。

ここでは，例として変数名を「x」としている。変数グループに右のようなブロックが追加され，これで変数「x」の宣言が完了となる。

【代入】 宣言した変数に値を格納することを**代入**という。イメージしやすく例えるなら，「名札を付けた箱に値を入れる」ということである。

Scratch では，変数グループの を用いる。

プログラミング例　　実行例

数学では，例えば「x=5」のように「x と 5 が等しい」ことを等号「=」を用いて表す。対して，プログラミングでは一般的に「x=5」と記すと，「変数 x に 5 を入れる」ことを表す。同じ記号を用いているが，前者では比較を行い，後者では代入を行っており，処理が異なる。4 章から扱う VBA では，比較も代入も同じ「=」を用いるが，多くのプログラミング言語において，等価を表す場合は，「==」など異なる演算子が用いられるので，注意が必要である。

【変数の初期化】 変数の宣言の仕方によっては，宣言したばかりの変数の中に不特定の値が入っていることがある。また，同じプログラムを複数回繰り返す場合，前の回の処理の結果として変数の中に残った値が持ちこされていることがあり得る。このような値を用いてしまうと，正確な結果が得られない。このような現象を避けるために，宣言した直後に値を代入することがある。これを**変数の初期化**といい，「0」を代入することを，特に**0クリア**という。

2 順次構造のプログラミングを学ぼう ★

🔑 キーワード □順次構造 □代入 □演算子 □割合の計算

1 こうしたい!

・食塩水の濃度(%)と食塩水の質量(g)を設定する。

・必要な(①)と(②)の質量を計算する。

・求めた食塩と水の質量をそれぞれ表示する。

2 どうする?

❶ 食塩水の濃度(%)と食塩水の質量(g)を入力する。

❷ 必要な食塩と水の質量を次の計算式で求める。
（ ③ ）の質量＝食塩水の質量×濃度
（ ④ ）の質量＝食塩水の質量－食塩の質量
入力された濃度の単位は（ ⑤ ）であるため，濃度を（ ⑥ ）で割って小数に直してから計算する。

❸ 求めた食塩と水の質量をそれぞれ表示する。

3 シナリオ化

A

入力する濃度の変数はCnc，食塩水の質量の変数はAmn，計算して求める食塩の質量を表す変数はSlt，水の質量を表す変数はWtrとして準備する。

B

濃度(%)と食塩水の質量(g)の値を入力する。

C

必要な食塩と水の質量を次の計算式で求める。
　濃度＝濃度(%)÷100
　食塩の質量＝食塩水の質量×濃度
　水の質量＝食塩水の質量－食塩の質量

D

必要な食塩と水の質量をそれぞれ表示する。

4 フローチャート

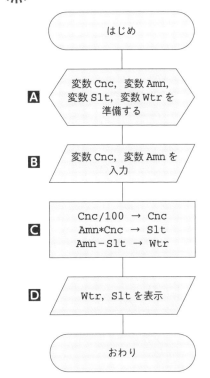

はじめ

A 変数 Cnc，変数 Amn，変数 Slt，変数 Wtr を準備する

B 変数 Cnc，変数 Amn を入力

C
Cnc/100 → Cnc
Amn*Cnc → Slt
Amn－Slt → Wtr

D Wtr, Slt を表示

おわり

3 プログラミング基礎編

実行例 ▶

濃度　　5%
食塩水　100gの場合

> 必要な水の質量は95ｇ、必要な食塩の質量は5ｇです。

Cnc	0.05
Amn	100
Slt	5
Wtr	95

濃度　　10%
食塩水　100gの場合

> 必要な水の質量は90ｇ、必要な食塩の質量は10ｇです。

Cnc	0.1
Amn	100
Slt	10
Wtr	90

濃度　　15%
食塩水　100gの場合

> 必要な水の質量は85ｇ、必要な食塩の質量は15ｇです。

Cnc	0.15
Amn	100
Slt	15
Wtr	85

5 プログラム

Scratch

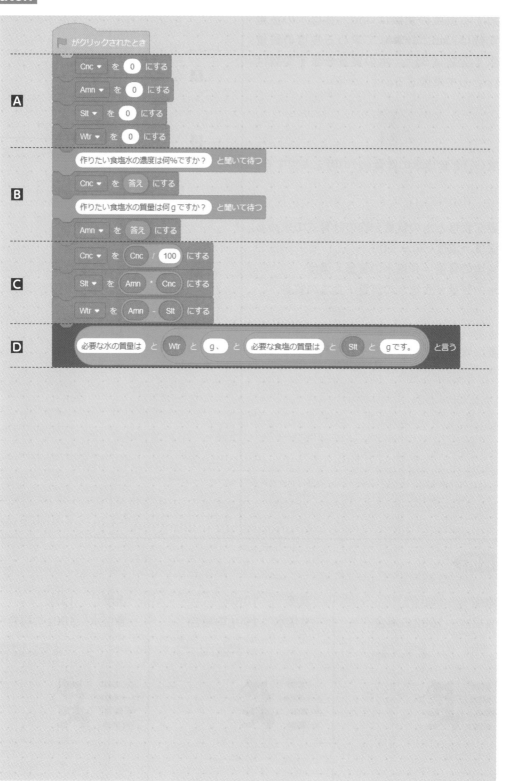

A
```
▶ がクリックされたとき
Cnc ▼ を 0 にする
Amn ▼ を 0 にする
Slt ▼ を 0 にする
Wtr ▼ を 0 にする
```

B
```
作りたい食塩水の濃度は何%ですか？ と聞いて待つ
Cnc ▼ を 答え にする
作りたい食塩水の質量は何gですか？ と聞いて待つ
Amn ▼ を 答え にする
```

C
```
Cnc ▼ を Cnc / 100 にする
Slt ▼ を Amn * Cnc にする
Wtr ▼ を Amn - Slt にする
```

D
```
必要な水の質量は と Wtr と g、 と 必要な食塩の質量は と Slt と gです。 と言う
```

エッセンス

1．代入

　Cブロックの1行目では，濃度の値（変数 Cnc）を入力する時点では単位が％である。しかし，計算を行うときには小数とするため，100で割った値を変数 Cnc に上書きしている。

　Cブロックの2〜3行目では次の計算を行っている。
　　食塩の質量＝食塩水の質量×濃度
　　水の質量＝食塩水の質量－食塩の質量
しかし，食塩の質量は

$$濃度 = \frac{食塩の質量}{食塩水の質量}$$

であり，水の質量は
　　食塩水の質量＝食塩の質量＋水の質量
であることから，これらの式を変形することで導くことができる。

　上記のように「変数 A に値 B を入れる」ことを**代入**といい，一般的にプログラミングでは，「A＝B」と記す。すでに学んだとおり，ここで使われる「＝」を**代入演算子**という。B の部分には，数値，文字，数式や変数などが入り，値そのものまたは計算した結果を A の内容とすることを意味している。変数自身を使った計算の結果を代入することもでき（x＝x＋1 など），右辺と左辺の値が等しいことを示す数学の「＝」とは意味が異なる。

2．数値と文字列

　入力時に半角数字を用いた数値は，コンピューターの中で計算に利用することができる。これに対し，全角や，半角と全角が混ざった文字列は，計算に利用することはできない。Scratch の画面上では同じように見えても，入力を誤るとコンピューターは正しい計算を行わないので，注意する必要がある。

	Cnc / 100 にする	Cnc / １００ にする	Cnc / 100% にする
入力文字	半角	全角	半角＋全角
正しい計算の可否	できる	できない	できない

チャレンジ

　食塩と水の質量を入力すると，これらを混ぜてできあがる食塩水の濃度と食塩水の質量を求めるフローチャートとプログラムを作成しなさい。

3 選択構造のプログラミングを学ぼう ★

キーワード □選択構造 □選択の条件 □うるう年の計算

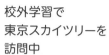
校外学習で
東京スカイツリーを
訪問中

高さ634m
だって！

近くで見ると
やっぱりデカイ！

竣工は2012年
2月29日…
あっ うるう年だ

うるう年って
4年に1回
なんだよね

実は そうとも
言いきれないん
だよね

え？どういうこと？

西暦年号が4で
割り切れる年は
4年に1回あって
それがうるう年
なんだけど…

100で割り
切れる年は
うるう年に
ならないんだ

へ〜！
そうなんだ！

だけど400で
割り切れる年は
やっぱり うるう年に
なるんだよ

ひとつかしこく
なったぜ！

それでは 次にその
レアなうるう年が
来るのは何年でしょー！

あ…スミマセン
ホントはわかって
ませんでした…

1 こうしたい！

・入力された西暦が（ ① ）であるかどうか
を次の条件を使って調べたい。
1. 西暦が（ ② ）で割り切れたらうるう
年である。
2. 例外として，西暦が（ ③ ）で割り切
れて（ ④ ）で割り切れない年は平年
である。

・うるう年か平年かをそれぞれ表示する。

2 どうする？

❶ 調べたい西暦を入力する。
❷ 西暦を4で割り，余りが（ ⑤ ）ならう
るう年候補，余りが出るなら平年である。
❸（ ⑥ ）で割って余りが0なら平年候補
であり，余りが出るならうるう年である。
❹ さらに，4で割っても100で割っても余
りが0だが，（ ⑦ ）で割って余りが0
ならうるう年であり，余りが出るなら平
年である。
❺ うるう年か平年かを表示する。

③ シナリオ化

A

西暦の値を入力する変数はYrとして準備する。

B

西暦の値を入力する。

C

西暦を4で割った余りが0でなければ「平年」と表示する。

D

100で割った余りが0でなければ「うるう年」と表示する。

E

400で割った余りが0でなければ「平年」と表示する。400で割った余りが0ならば「うるう年」と表示する。

【参考】

	Yes	No
4で割った余りが0	次の処理へ	平年
100で割った余りが0	次の処理へ	うるう年
400で割った余りが0	うるう年	平年

④ フローチャート

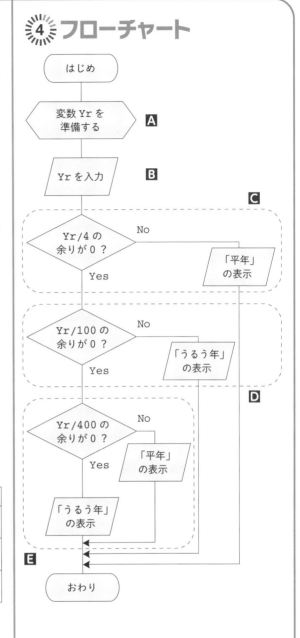

 **実行例**

西暦が2019の場合	西暦が2020の場合	西暦が2021の場合

Yr `2019`　「平年」

Yr `2020`　「うるう年」

Yr `2021`　「平年」

⑤プログラム

Scratch

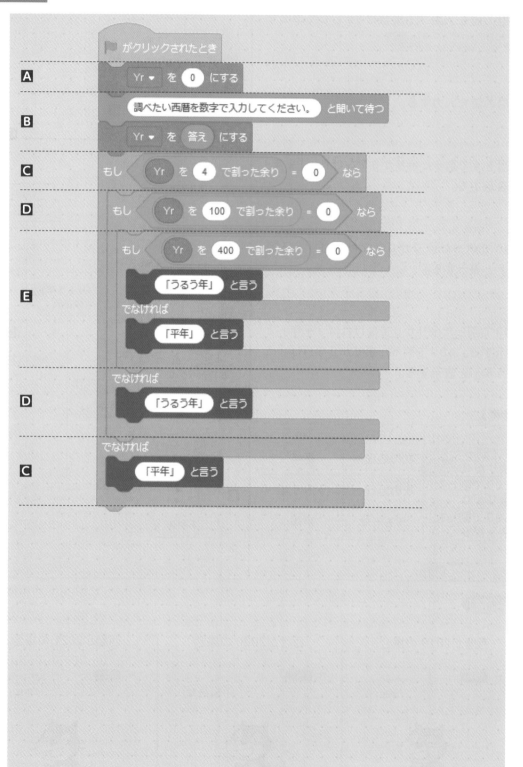

エッセンス

1．選択構造

選択構造には，選択処理を行うための条件が存在する。本節のプログラムの **E** ブロックであれば， もし Yr を 400 で割った余り ＝ 0 なら が条件である。選択構造では，条件が成り立っているとき（真／ Yes ／ True）のみに行う処理も存在する。例えば，**E** ブロックで説明すると，「うるう年」と言う の条件が成立しているときに行う処理である。条件が成り立っていないとき（偽／ No ／ False）に行う処理は，場合に応じて存在したり，存在しなかったりする（**E** ブロックでは 「平年」と言う という処理が存在している）。

2．うるう年

うるう年とは，以下のように定められている。
- 西暦が 4 で割り切れたらうるう年（**C** ブロック）
- 例外として，西暦が100 で割り切れて（**D** ブロック），400 で割り切れない（**E** ブロック）年は平年

C, **D**, **E** の各ブロックについて，それぞれを①〜③に分けて説明する。

①部分（**C** ブロック）

> 西暦を 4 で割ったときに余りがある場合の処理

西暦（Yr）を 4 で割ったときに余りが 0 である場合には，赤字のところを実行（②と③の条件があるため次の選択処理に送る）し，そうでなければ「平年」と表示する。

②部分（**D** ブロック）

> 西暦を100 で割ったときに余りがある場合の処理

西暦（Yr）を 4 で割ったときに余りが 0 であり（①の処理より），かつ100 で割ったときに余りが 0 である場合には青字のところを実行（③の条件があるため次の選択処理に送る）し，そうでなければ「うるう年」と表示する。

③部分（**E** ブロック）

西暦（Yr）を 4 で割ったときに余りが 0 であり（①の処理より），かつ100 で割ったときにも余りが 0 で（②の処理より），かつ400 で割ったときにも余りが 0 である場合には「うるう年」と表示し，そうでなければ「平年」と表示する。

チャレンジ

上記プログラムの「もし〜なら」の部分を 1 行にしたフローチャートとプログラムを作成しなさい。

4 繰り返し構造のプログラミングを学ぼう ★

どうしたの？
何か考え事？

う～～ん

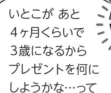

いとこが あと
4ヶ月くらいで
3歳になるから
プレゼントを何に
しようかな…って

わーい

なやむ…

3歳かぁ

あと4ヶ月ってことは
もう少しで生まれて
1000日目くらいになるね

1095日 - 4ヶ月

そうだね

キリがいい！

ということは
10000日目は27歳
100000日目は
273歳……

ミカさんは
いつまで
生きるつもり！？

ピッ、ピッ、
計算中

でも1000日ごとのお祝いって
それ面白いね！

いとこの
1000日目の
お祝いに
行こうかな！

サプライズ！

祝 1000日！

土日だったら
いいな

生まれた日は
日曜日だった
んだ

病院に
お祝いに
行った！

じゃあ100歳
（約37000日）まで
1000日ごとの
曜日が計算できる
プログラムを
作ってみようか！

☀ 1 こうしたい！

・生まれた日（日曜日）から（ ① ）日ごとに
（ ② ）日目までが何曜日かを調べる。

・（ ③ ）および（ ④ ）であるもののみを
表示する。

☀ 2 どうする？

❶ $1000 \times n$ を（ ⑤ ）で割ったときの余り
を計算する。
※ n：年齢

❷ 余りが（ ⑥ ）ならば，その日は土曜日
と表示する。

❸ 余りが（ ⑦ ）ならば，その日は日曜日
と表示する。

❹ 上記の❶～❸を $n = 1 \sim 37$ まで繰り返す。

③ シナリオ化

A
メッセージを保存するための「結果リスト」と，日数の計算に利用する変数をnとして準備する。

B
変数nに1を代入する。

C
nを1からはじめて1ずつ増やしていき，37になったら止める。

D
1000×nを7で割った余りが6と一致するかを判定する（Noならば何もしない）。

E
Yesならば，「1000×n日目は土曜日です」を結果リストに追加する。

F
1000×nを7で割った余りが0と一致するかを判定する（Noならば何もしない）。

G
Yesならば，「1000×n日目は日曜日です」を結果リストに追加する。

H
n+1をnに代入する。

I
結果リストを表示する。

④ フローチャート

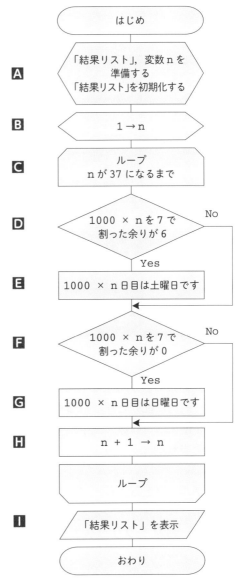

右側縦書き：
プログラミング基礎編 **3**

実行例 ▶

	結果リスト
1	1000日目は土曜日です
2	7000日目は日曜日です
3	8000日目は土曜日です
4	14000日目は日曜日です
5	15000日目は土曜日です
6	21000日目は日曜日です
7	22000日目は土曜日です
8	28000日目は日曜日です
9	29000日目は土曜日です
10	35000日目は日曜日です
11	36000日目は土曜日です

+ 　　　長さ 11　　　=

5 プログラム

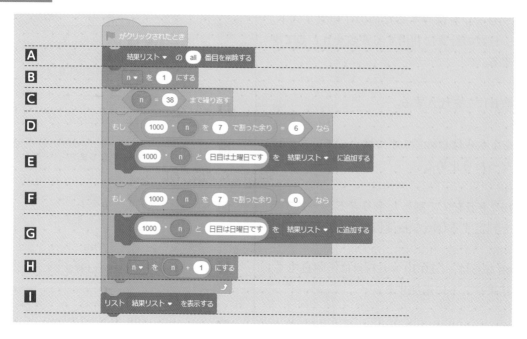

【参考】リスト

　今回は，結果の表示方法として Scratch に用意されている**リスト**という機能を用いている。これは，一般的に**配列**と呼ばれるもので，詳しくは後で説明をする（→ p.52）。

　リストを使えば，複数の文字列や数値を記憶・表示できて便利である。以下にリストの作成方法を説明する。

①変数グループを選択し，[リストを作る] をクリックする。

②右のようなウィンドウが表示されるので，使いたい変数名を入力し，[OK] をクリックする（本書では「すべてのスプライト用」でよい）。

③リスト名を「結果リスト」とすると，変数グループに下のようなブロックが追加される。これでリスト「結果リスト」の作成が完了となる。

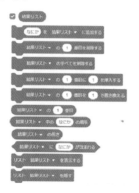

1．曜日の判定

　曜日は月，火，水，木，金，土，日，月，…と7種類が繰り返されるので，生まれた日が日曜日の場合，生まれてからの日数を7で割った余りと曜日が下記のように対応している。

生まれて ○日目	1	2	3	4	5	6	7	8	9	10	11	12	13	14
曜日	月	火	水	木	金	土	日	月	火	水	木	金	土	日
日数を7で割った余り	1	2	3	4	5	6	0	1	2	3	4	5	6	0

日数を7で割った余り	1	2	3	4	5	6	0
曜日	月	火	水	木	金	土	日

2．条件判定について

　生まれてから1000日目，2000日目，…のそれぞれの曜日を調べていきたいので，自然数の変数nを用いて「1000×n日目」としている。これを7で割った余りが6と一致するか0と一致する（割り切れる）かを判定することで，上記で示したように土曜日なのか日曜日なのかを判断している。つまり，1つ目の条件分岐で6と一致するかを判定し，一致するならばその日が土曜日であることを結果表示用の「結果リスト」に追加し，2つ目の条件分岐では0と一致するかを判定し，一致するならばその日が日曜日であることを「結果リスト」に追加している。今回は他の曜日は調べていないので，いずれの判定でも偽(No)であれば何もしない。

3．繰り返し構造

　上記の2で説明した2つの条件判定を変数nが38となるまで，つまりn＜38であれば(1～37まで)繰り返す。このように繰り返し構造には，繰り返し処理を続ける際の条件が存在する。条件が真(Yes)である間は繰り返し構造内に記した処理を行う。

　また，n=1での処理を終えた後，n=2としたいので，変数nに「n+1」を代入する処理を最後に入れている。このようにすると，最後のn=37の処理が終わると，nに37+1=38が代入されて終了する。

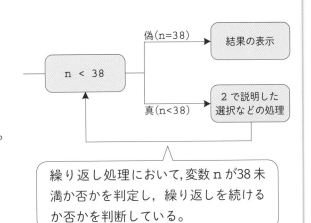

繰り返し処理において,変数nが38未満か否かを判定し，繰り返しを続けるか否かを判断している。

チャレンジ

　十二支（子・丑・寅・卯・辰・巳・午・未・申・酉・戌・亥）を考えよう。1989年は巳年（へび年）であった。このことを用いて,2019年から2100年までに何年が辰年になるかを表示するフローチャートとプログラムを作成しなさい。

1 合計を求めるプログラムを作成しよう

○┳ キーワード □初期値の設定 □変数の型 □繰り返し構造

1から100までの数を
すべて足す計算をする場合
こんな考え方もあります

$1 + 100 = 101$
$2 + 99 = 101$
$3 + 98 = 101$
$\vdots \quad \vdots \quad \vdots$
$50 + 51 = 101$
$101 × 50 = 5050$

なるほど～
すご～い

ねぇねぇ さっき先生が
いってた計算の仕方って
ガウスっていう数学者が
小学生のとき発見
したんだって！

マジで?!
天才か!!
Gauss

この計算って
プログラムで
できるかな？

やって
みる？

でもどうせなら
「ある整数aからbまでの
足し算ができるプログラム」
にしてみようよ！

$12 + 13 + 14 \cdots\cdots + 120 = ?$

おもしろい!!

よーし！
アルゴリズムを
考えるぞー！

がんばれー

…ミカさんと
いっしょにね

オッケー

1 こうしたい！

・整数 a から整数 b までの間にある整数の
　足し算を行って，（　①　）を求める。

※ただし，整数 b は整数 a より大きい値と
　する。

・合計を画面に表示する。

2 どうする？

❶ 整数 a と整数 b を入力する。

❷ 整数 a と「整数 a に 1 を加えた値」を足
　して合計を計算する。

❸ ❷の計算結果に，❷で足した値（整数 a に
　1 を加えた値）に，さらに（　②　）を加
　えた値を足す。

❹ 足す値が整数 b と（　③　）になるまで同
　様に，1 つ前で足した値に 1 を加えなが
　ら合計を行う。

❺ 合計の内容を画面に表示する。

⁝³⁝ シナリオ化

A

整数 a の値を入力する変数は Str，整数 b の値を入力する変数は Fnl，整数 a に 1 ずつ加えていく値を代入する変数は i，合計として利用する変数は Ttl として準備する。
変数 Ttl に初期値の 0 を設定する。

B

整数 a を変数 Str に，整数 b を変数 Fnl に入力する。

C

変数 Str に入力された整数 a からの合計を求めるため，変数 i に変数 Str の値を代入する。

D

変数 i が変数 Fnl より大きくなるまで作業を繰り返す。

E

変数 Ttl に変数 i を加算したものを変数 Ttl に代入する。

F

変数 Ttl に加算する値を用意するため，変数 i に 1 を加算する。

G

合計を記憶した変数 Ttl を表示する。

⁝⁴⁝ フローチャート

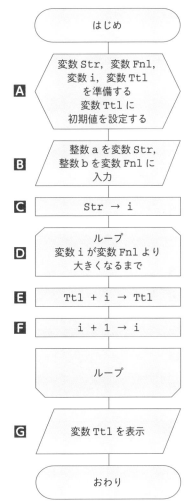

はじめ

A 変数 Str，変数 Fnl，変数 i，変数 Ttl を準備する 変数 Ttl に初期値を設定する

B 整数 a を変数 Str，整数 b を変数 Fnl に入力

C Str → i

D ループ 変数 i が変数 Fnl より大きくなるまで

E Ttl + i → Ttl

F i + 1 → i

ループ

G 変数 Ttl を表示

おわり

4 プログラミング実践編

実行例 ▶

整数 a を 1，整数 b を 10 とした場合の例

● Scratch

Str 1
Fnl 10
i 11
Ttl 55

● VBA

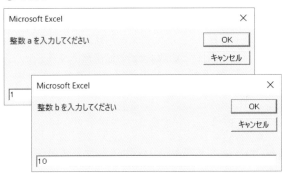

Microsoft Excel ×
整数 a を入力してください   OK
キャンセル
1

Microsoft Excel ×
整数 b を入力してください   OK
キャンセル
10

Microsoft Excel ×
55
OK

Scratch

```
🏁 がクリックされたとき

A   Str ▼ を 0 にする
    Fnl ▼ を 0 にする
    i ▼ を 0 にする
    Ttl ▼ を 0 にする

B   整数aを入力してください と聞いて待つ
    Str ▼ を 答え にする
    整数bを入力してください と聞いて待つ
    Fnl ▼ を 答え にする

C   i ▼ を Str にする

D   i > Fnl まで繰り返す

E   Ttl ▼ を (Ttl + i) にする

F   i ▼ を 1 ずつ変える

G   変数 Ttl ▼ を表示する
```

VBA

※コードの横にある緑色の文字は，コメント（→ p.83）である。

```
Sub 合計 ()
A   Dim Str As Integer    ' 整数 a を表す変数 Str を準備する
    Dim Fnl As Integer    ' 整数 b を表す変数 Fnl を準備する
    Dim i As Integer      ' 順番に足すための変数 i を準備する
    Dim Ttl As Integer    ' 合計を計算するための変数 Ttl を準備する

B   Str = InputBox ("整数 a を入力してください")    ' 変数 Str に整数 a を入
                                                    力する
    Fnl = InputBox ("整数 b を入力してください")    ' 変数 Fnl に整数 b を入
                                                    力する
C   i = Str  ' 変数 Str に入力された整数 a からの合計を求めるため
             変数 i に変数 Str の値を代入する
D   Do Until i > Fnl  ' i が Fnl より大きくなるまで繰り返す
E       Ttl = Ttl + i  ' 元々変数 Ttl に保存されていた値に i を足した数値
                         を 変数 Ttl に上書き保存する
F       i = i + 1      ' i を 1 ずつ増やす
    Loop
G   MsgBox Ttl  ' 変数 Ttl に保存されている値を表示する
End Sub
```

エッセンス

1．初期値の設定

プログラムの**A**ブロックでは新しく変数を宣言しており，一般的には初期値の設定として0^{ゼロ}
クリア（→ p.19）を行う必要がある。しかし，VBA の場合には自動で変数に0が入力されるため，
初期値の設定を省略することができる。

2．変数の型

新しく変数を宣言する場合，次のように変数の型を指定することができる。
(1)変数 a を整数(-32,768 ～ 32,767)とする場合　→　`Dim a As Integer`
(2)変数 a を大きい整数(-2,147,483,648 ～ 2,147,483,647)とする場合　→　`Dim a As long`
上記以外にも，文字列型，ブール型，単精度浮動小数点数型など，いろいろな型がある(→ p.78)。
また，VBA において型の指定を省略したときには，変数に入力された値はバリアント型になる。

3．繰り返し処理と変数の値の変化について

整数 a を1，整数 b を10 とした場合，Scratch と VBA のプログラムにおいて繰り返し処理
の回数と変数 Ttl，変数 i は次のように変化する。

ループ回数	Ttl（①ブロック）	i	Ttl（②ブロック）
1	0	1	1
2	1	2	3
3	3	3	6
4	6	4	10
5	10	5	15
6	15	6	21
7	21	7	28
8	28	8	36
9	36	9	45
10	45	10	55
11	（繰り返しを抜ける）	11	（繰り返しを抜ける）

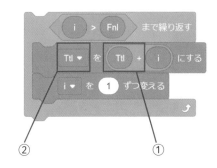

```
Do Until i > Fnl

    Ttl = Ttl + i
    ②     ①
    i = i + 1

Loop
```

チャレンジ

1から10までの整数を足す処理において，変数 i を減算する方法で合計結果を表示するフ
ローチャートとプログラムを作成しなさい。

2 エンゲル係数を計算するプログラムを作成しよう

○╌ キーワード □割合 □エンゲル係数

ねえ ミカさん エンゲル係数って 知ってる？

知ってるけど… どうしたの？

昨日 お母さんが ウチのエンゲル係数が 高いってボヤいてたんだ

エンゲル係数上昇続く

サトシくんが 食べすぎなん じゃない？

そんな失敬な！ ボクの食べる量は フツーだよ！

…ていうか

エンゲル係数って なんだっけ…？

わすれた…

社会の 教科書に あるよー

家計の消費支出に 占める食費の割合 のことだよ

生活水準測定の 1つの指標なんだって

そうか！ よし！ エンゲル係数が すぐに計算できる プログラムを作って お母さんに協力しよう！

\ガンバレ/

その前に腹ごしらえだ！ コンビニに行って オニギリ5コ買ってくる！

やっぱり サトシ君の 食費のせい じゃない？

1 こうしたい！

・エンゲル係数を次の計算式を元に計算する。

$$エンゲル係数 = \frac{(\ ①\ )}{(\ ②\ )} \times (\ ③\ )$$

・計算したエンゲル係数を表示する。

2 どうする？

❶ 各支出項目を次々と入力しながら，その つど合計していき（　④　）を求める。

❷ ❶の結果で（　⑤　）を割り，次に （　⑥　）を掛ける。

❸ 計算結果を表示する。

⚡³ シナリオ化

A
食費を入力する変数はFde，消費支出の総額を表す変数はAll，食費以外の支出を入力する変数はExp，エンゲル係数を表す変数はEncとして準備する。
変数Allに初期値の0を設定する。

B
食費を変数Fdeに入力する。

C
変数Allに消費支出の総額を計算するため，変数Allに食費を入力した変数Fdeを加算する。

D
食費以外の支出をExpに入力する。
入力が終わった場合，－1を入力する。

E
変数Expが－1（入力終了指示）になるまで作業を繰り返す。

F
変数Allに消費支出の総額を計算するため，変数Allに食費以外の支出を入力した変数Expを加算する。

G
変数Encにエンゲル係数を計算するため，変数Fdeに100を掛け，変数Allで割る。

H
エンゲル係数を記憶した変数Encを表示する。

⚡⁴ フローチャート

実行例▶

食費30000，食費以外を120000とした場合の例

● Scratch

● VBA

⑤ プログラム

Scratch

A
- Fde ▼ を 0 にする
- All ▼ を 0 にする
- Exp ▼ を 0 にする
- Enc ▼ を 0 にする

B
- 食費を入力してください と聞いて待つ
- Fde ▼ を 答え にする

C
- All ▼ を All + Fde にする

D
- 食費以外を入力してください と聞いて待つ
- Exp ▼ を 答え にする

E
- Exp = -1 まで繰り返す

F
- All ▼ を All + Exp にする

D
- 食費以外を入力してください と聞いて待つ
- Exp ▼ を 答え にする

G
- Enc ▼ を Fde * 100 / All にする

H
- 変数 Enc ▼ を表示する

VBA

```
Sub エンゲル係数 ()
    Dim Fde As Long    ' 食費を入力する変数 Fde を準備する
    Dim All As Long    ' 消費支出の総額を計算する変数 All を準備する
    Dim Exp As Long    ' 食費以外の支出を入力する変数 Exp を準備する
    Dim Enc As Single  ' エンゲル係数を表示する変数 Enc を準備する

    Fde = InputBox ("食費を入力してください")  ' 食費を変数 Fde に入力する
    All = All + Fde    ' 変数 All に消費支出の総額を計算するため, 変数 All に
                         食費を入力した変数 Fde を加算する
    Exp = InputBox ("食費以外を入力してください")  ' 食費以外の支出を変数
                                                     Exp に入力する
    Do Until Exp = -1  ' 変数 Exp が-1 (入力終了指示)になるまで作業を繰
                         り返す
        All = All + Exp  ' 変数 All に消費支出の総額を計算するため, 変数
                           All に食費以外の支出を入力した変数 Exp を加算する
        Exp = InputBox ("食費以外を入力してください")  ' 食費以外の支出を
                                                         変数 Exp に入力する
    Loop
    Enc = Fde * 100 / All  ' 変数 Enc にエンゲル係数を計算するため, 変数
                             Fde に 100 を掛け, 変数 All で割る
    MsgBox Enc  ' エンゲル係数を記憶した変数 Enc を表示する
End Sub
```

A B C D E F D G H

エッセンス

1．エンゲル係数

エンゲル係数とは，消費支出のうち食費の占める割合のことである。

割合なので，支出（全体）に対する食費（部分）の比率を計算する。エンゲル係数はそのパーセント表示のことだから，それを100倍する。よって，次の式のように表せる。

$$エンゲル係数 = \frac{食費}{消費支出} \times 100$$

$$※割合 = \frac{部分}{全体}$$

2．消費支出の計算

消費支出を求めたいので，消費支出の総額を表す All に，まずはじめに食費である Fde を入力してから食費以外の支出を入力する形で支出合計を計算した。これには前節で学習した「合計の求め方」を応用している。

基本的な構造は「支出項目1つひとつを聞き，入力されたものを All に加えていくこと」を Exp=-1 となるまで繰り返すというものである。食費以外の項目が入力し終わった合図として，-1を入力するように指示をしている。したがって，最後に Exp に-1が代入され，繰り返しは終了となる。

3．-1とそれ以外の区別

入力終了の合図である Exp=-1 とそれ以外の支出項目を区別するためには，入力された値が正かどうかによって選択構造を用いて判定させている。入力される支出項目は0円以下ということはあり得ないはずだからである。

チャレンジ

ある日，Aさんが遊園地に行った際の時間の使い方は以下のとおりであった。①〜⑭の全行程で費やした時間のうち，待ち時間の割合（パーセント）を求めるフローチャートとプログラムを作成しなさい。

①待ち時間（40分）	②ジェットコースター（6分）
③待ち時間（30分）	④お化け屋敷（10分）
⑤待ち時間（15分）	⑥メリーゴーラウンド（4分）
⑦お昼ご飯（40分）	
⑧待ち時間（10分）	⑨コーヒーカップ（8分）
⑩待ち時間（50分）	⑪ジェットコースター（6分）
⑫待ち時間（40分）	⑬バンジージャンプ（7分）
⑭パレード（30分）	

プログラミング実践編

3 ボウリングのスコアの平均を求めよう

🔑 キーワード　□平均　□ゼロ除算

1 こうしたい！

・生徒によって（　①　）が異なるが，得点の
みを入力して（　②　）を出したい。

2 どうする？

❶ 得点の入力終了指示まで，以下の(1)～(4)
の処理を繰り返す。

(1)（　③　）を入力する。
(2) 得点を合計し，（　④　）を計算する。
(3) 得点を合計するたびに，得点を入力さ
れた回数＝（　⑤　）を数える。
(4) 得点の入力終了指示が入力されたら，
平均点を次のように計算する。
合計点÷ゲーム数＝平均点

❷ 平均点を表示する。

③ シナリオ化

A
得点を入力する変数は Scr，合計点を計算する変数は Ttl，ゲーム数を数える変数は Tms，平均点を記憶する変数は Avr として準備する。
変数 Ttl と変数 Tms に初期値の 0 を設定する。

B
変数 Scr が 999（入力終了指示）になるまで作業を繰り返す。

C
変数 Scr に得点を入力する。
得点の入力が終わった場合，999 を入力する。

D
変数 Scr と 999 を比較する。

E
得点の合計点を計算するため，変数 Ttl の値に変数 Scr の値を加算した結果を変数 Ttl に代入する。

F
ゲーム数を数えるため，変数 Tms に 1 を加算し，変数 Tms に代入する。

G
平均点を計算するため，変数 Ttl を変数 Tms で割って変数 Avr に代入する。

H
平均点を記憶した変数 Avr を表示する。

④ フローチャート

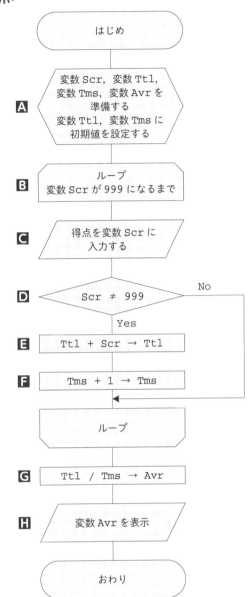

実行例

得点を 160，120，110 とした場合の例

● Scratch

Scr	999
Avr	130
Ttl	390
Tms	3

● VBA

Scratch

```
        ▶ がクリックされたとき

        Scr ▼ を ( 0 ) にする
A       Avr ▼ を ( 0 ) にする
        Ttl ▼ を ( 0 ) にする
        Tms ▼ を ( 0 ) にする

B       ( Scr = 999 ) まで繰り返す

C       得点を入力してください と聞いて待つ
        Scr ▼ を 答え にする

D   もし ( Scr = 999 ) ではない なら

E       Ttl ▼ を ( Ttl + Scr ) にする

F       Tms ▼ を ( 1 ) ずつ変える


G       Avr ▼ を ( Ttl / Tms ) にする
H   変数 Avr ▼ を表示する
```

VBA

```
Sub 平均 ()
      Dim Scr As Integer    ' 得点を入力する変数 Scr を準備する
A     Dim Ttl As Integer    ' 合計点を計算する変数 Ttl を準備する
      Dim Tms As Integer    ' ゲーム数を数える変数 Tms を準備する
      Dim Avr As Integer    ' 平均点を記憶する変数 Avr を準備する

B     Do Until Scr = 999    ' 変数 Scr が 999 になるまで作業を繰り返す
C         Scr = InputBox ("得点を入力してください")    ' 得点を変数 Scr に
                                                      入力する
D         If Scr <> 999 Then    ' 変数 Scr と 999 を比較する
E             Ttl = Ttl + Scr   ' 変数 Ttl に得点の合計点を計算するため, 変
                                  数 Ttl に得点を入力した変数 Scr を加算する
F             Tms = Tms + 1     ' 変数 Tms にゲーム数を数えるため, 変数 Tms
                                  に 1 を加算する
          End If
      Loop
G         Avr = Ttl / Tms       ' 変数 Avr に平均点を計算するため, 変数 Ttl を
                                  変数 Tms で割る
H         MsgBox Avr    ' 平均点を記憶した変数 Avr を表示する
End Sub
```

エッセンス

前述のフローチャートおよびプログラムでは，データの1件目に999を入力するとエラーが出てしまう。1件もデータを入力しない状態のまま，平均点を計算する（**G**ブロック）場合，変数Tmsに0が入っており，「0で割る」という計算（**ゼロ除算**）をすることになるためである。私たちは算数で「0で割る」計算はできないと知っているので，計算する前におかしいと気づくことができる。しかし，コンピューターは命令どおりに「0で割る」計算を実行してしまい，エラーを出してしまう。

そこで，前述のフローチャートにおいて，平均点を計算する前に，新たな処理として，変数Tmsを0と比べる処理（Tms > 0）を追加し，0より大きい場合，平均点を計算する（Ttl / Tms → Avr）ように変更すれば，「0で割る」計算を回避すること，つまりエラーを回避することができる。

チャレンジ

1 前ページのプログラムに，次の条件を追加してフローチャートとプログラムを作成しなさい。
 ・入力された値のうち，0以上100以下の値のみの平均を計算する。
 ・1件目に999を入力した場合でもエラーを出さないようにする。

2 あるテストのクラス別の平均点を表示するために，次の(1)〜(4)の処理内容を踏まえて，フローチャートとプログラムを作成しなさい。
 (1)キーボードから入力するデータは，次の例のように入力する。なお，クラスコードは，1（1組），2（2組）であり，点数は0以上100以下である。
   例 1080 → 1 080
        クラス 点数
 (2)点数は以下のようにして求める。
     1組の得点＝入力データ − 1000
     2組の得点＝入力データ − 2000
 (3)平均点は以下のようにして求める。
     1組の平均点＝1組の得点合計 ÷ 1組の人数
     2組の平均点＝2組の得点合計 ÷ 2組の人数
 (4)キーボードから9999が入力されたら，それぞれの平均点を表示して終了する。

4 最大値を探すプログラムを作成しよう

🔑 キーワード　□最大値

1 こうしたい!

・入力した点数から最も（　①　）値を求めたい。

2 どうする?

❶ 点数の中から最も大きい値を求めるため，「最大値」に初期値として最小の値を設定する。

❷ 点数の入力終了指示まで，以下(1)～(3)の処理を繰り返す。

(1)（　②　）を入力する。
(2)(1)で入力した点数と（　③　）を比較する。
(3)(1)で入力した点数のほうが（　④　）場合，(1)で入力した点数を最大値として保存する。

❸ 最大値を表示する。

③ シナリオ化

A
最大値を保存する変数はLrg，点数を入力する変数はPntとして準備する。

B
変数Lrgに最大値を保存するため，変数Lrgに初期値として，最小値の0を設定する。

C
変数Pntが−1（入力終了指示）になるまで作業を繰り返す。

D
点数を変数Pntに入力する。
終了する場合，−1を入力する。

E
入力した点数（変数Pnt）と最大値（変数Lrg）を比較する。

F
入力した点数（変数Pnt）が大きい場合，最大値（変数Lrg）を入力した点数（変数Pnt）に変更しなければならないため，変数Pntの値を変数Lrgに保存する。

G
最大値を保存した変数Lrgを表示する。

④ フローチャート

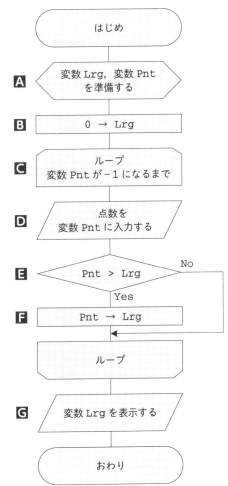

実行例

● Scratch

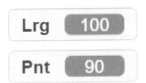

● VBA

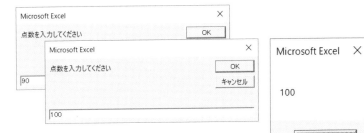

⚡5 プログラム

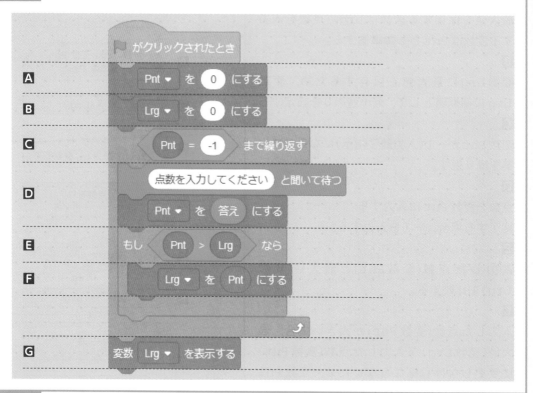

```
          ▶ がクリックされたとき

A              Pnt ▼ を  0  にする

B              Lrg ▼ を  0  にする

C                Pnt  =  -1     まで繰り返す

               点数を入力してください  と聞いて待つ

D                  Pnt ▼ を  答え  にする

E            もし   Pnt  >  Lrg    なら

F                   Lrg ▼ を  Pnt  にする



                                    ↻

G          変数  Lrg ▼  を表示する
```

VBA

```vba
Sub 最大値()
    Dim Lrg As Long    ' 最大値を保存する変数 Lrg を準備する
A   Dim Pnt As Long    ' 点数を入力する変数 Pnt を準備する

B   Lrg = 0    ' 変数 Lrg に最大値を保存するため，変数 Lrg に最小値の 0 を設定する
C   Do Until Pnt = -1    ' 変数 Pnt が-1 になるまで作業を繰り返す
D       Pnt = InputBox(" 点数を入力してください ")    ' 点数を変数 Pnt に
                                                    入力する
E       If Pnt > Lrg Then    ' 変数 Pnt と変数 Lrg を比較する
F           Lrg = Pnt    ' 変数 Pnt が大きい場合，最大値を変数 Pnt に変更し
                           なければならないため，変数 Pnt の値を変数 Lrg に
                           保存する
        End If
    Loop
G   MsgBox Lrg    ' 最大値を保存した変数 Lrg を表示する
End Sub
```

エッセンス

1．最大値の求め方

ここでは，最大値を求める手順として，下図のような「勝ち抜き戦」のスタイルをとった。

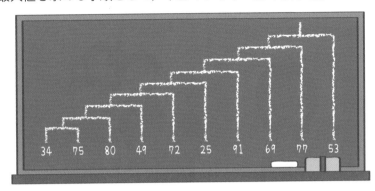

繰り返し処理の1回分が「勝ち抜き戦」の1試合に該当する。「勝ち抜き戦」に勝ったほう（大小比較して大きかったほう）が，変数 Lrg に代入されて次の試合に進出する（次の繰り返し処理に回る）。

なお，変数 Lrg には最初に34が入っている。繰り返し処理の各回の変数 Lrg の中身と比較相手，勝ち残る大きいほうの値の関係は下表のとおりである。

	Lrg の中身	比較相手	大きいほう（Lrg に入る）
繰り返し1回目	34	75	75
繰り返し2回目	75	80	80
繰り返し3回目	80	49	80
繰り返し4回目	80	72	80
繰り返し5回目	80	25	80
繰り返し6回目	80	91	91
繰り返し7回目	91	69	91
繰り返し8回目	91	77	91
繰り返し9回目	91	53	91

チャレンジ

複数の数字から，最大値と最小値の差を求めるフローチャートとプログラムを作成しなさい。

5 配列を使って金種計算をしよう

◎━ キーワード 　□配列　□添字

⚡1 こうしたい！

・それぞれの金種の（　①　）だけを入力して合計金額を求めたい。

※ 1円〜10,000円の値を変数に1つずつ記憶させると，プログラムが結果的に長くなってしまうため，1円〜10,000円の値を記憶する配列（→ p.52）を準備してプログラムを作成する。

⚡2 どうする？

❶ 1円〜10,000円の値を配列に記憶させる。

❷ すべての金種の（　②　）を入力するまで，下記の(1)〜(3)の処理を繰り返す。

(1) 1円玉から10,000円札までの枚数を順番に入力する。

(2) ❶で記憶しておいた（　③　）の値と入力した枚数を掛けて金種ごとの金額を計算する。

(3) 金種ごとの金額を合計し，合計金額を計算する。

❸（　④　）を表示する。

③ シナリオ化

A
データを入力する配列はLst，添字として利用する変数はn，枚数を入力する変数はMny，金額を計算する変数はPrc，合計金額を計算する変数はTtlとして準備する。
配列Lstに金種データ(1, 5, 10, …, 10000)を設定する。
1円(配列Lstの0番目)の枚数から入力するため，添字として利用する変数nに0を設定する。
変数Ttlに初期値の0を設定する。

B
配列Lstの9番目に10,000円を設定しているため，変数nが9より大きくなるまで作業を繰り返す。

C
配列Lstのn番目に設定されている金種の枚数を変数Mnyに入力する。

D
変数Prcに金額を計算するため，変数Mnyに配列Lstのn番目を掛ける。

E
変数Ttlに合計金額を計算するため，変数Ttlに金額として計算した変数Prcを加算する。

F
次に入力する配列Lst内の位置を変更するため，変数nに1を加算する。

G
合計金額を記憶した変数Ttlを表示する。

④ フローチャート

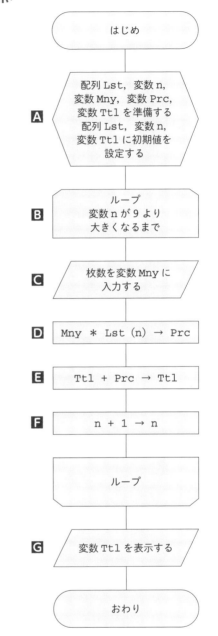

- はじめ
- **A** 配列 Lst, 変数 n, 変数 Mny, 変数 Prc, 変数 Ttl を準備する 配列 Lst, 変数 n, 変数 Ttl に初期値を設定する
- **B** ループ 変数 n が9より 大きくなるまで
- **C** 枚数を変数 Mny に入力する
- **D** Mny * Lst (n) → Prc
- **E** Ttl + Prc → Ttl
- **F** n + 1 → n
- ループ
- **G** 変数 Ttl を表示する
- おわり

実行例 ● Scratch ● VBA

Lst
1 1
2 5
3 10
4 50
5 100
6 500
+ 長さ 10 =

Ttl 52660
n 10
Mny 4
Prc 40000

Microsoft Excel ×
1円の枚数を入力してください OK
キャンセル
10

Microsoft Excel ×
合計金額は52660円です
OK

Scratch

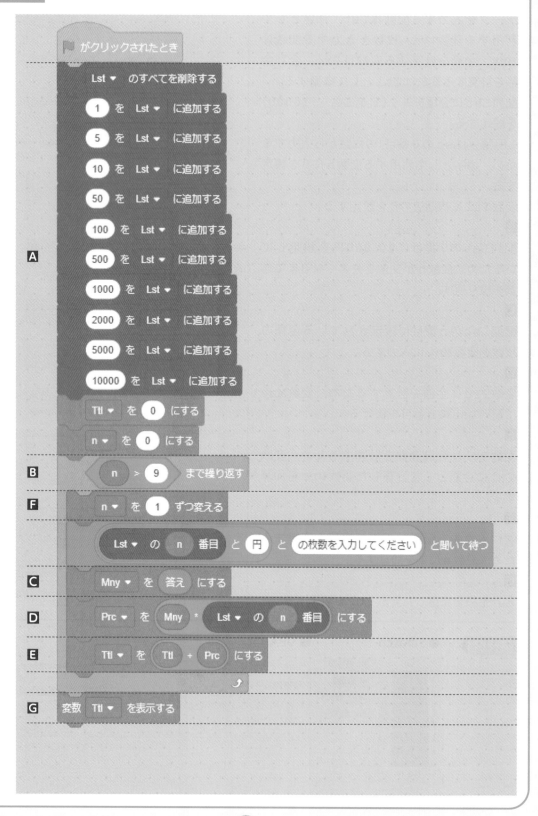

```
Sub 配列 ()
    Dim Lst (9) As Integer
    ' 金種データを入力する配列 Lst を準備する
    Dim n As Integer    ' 添字として利用する変数 n を準備する
    Dim Mny As Long     ' 枚数を入力する変数 Mny を準備する
A   Dim Prc As Long     ' 金額を計算する変数 Prc を準備する
    Dim Ttl As Long     ' 合計金額を計算する変数 Ttl を準備する
    Lst (0) = 1: Lst (1) = 5: Lst (2) = 10: Lst (3) = 50
    Lst (4) = 100: Lst (5) = 500: Lst (6) = 1000: Lst (7) = 2000
    Lst (8) = 5000: Lst (9) = 10000
    ' 配列 Lst に金種データを設定する

B   Do Until n > 9
    ' 配列 Lst の 9 番目に 10,000 円を設定しているため,
      変数 n が 9 より大きくなるまで作業を繰り返す

C       Mny = InputBox (Lst (n) & " 円の枚数を入力してください ")
        ' 配列 Lst の n 番目に設定されている金種の枚数を変数 Mny に入力する

D       Prc = Mny * Lst (n)
        ' 変数 Prc に金額を計算するため,
          変数 Mny に配列 Lst の n 番目の値を掛ける

E       Ttl = Ttl + Prc
        ' 変数 Ttl に合計金額を計算するため,
          変数 Ttl に金額として計算した変数 Prc を加算する

F       n = n + 1
        ' 次に入力する配列 Lst 内の位置を変更するため,
          変数 n に 1 を加算する

    Loop

G   MsgBox " 合計金額は " & Ttl & " 円です "
    ' 合計金額を記憶した変数 Ttl を表示する
End Sub
```

複数の変数を同時に利用した場合を図で示すと，図1のように独立した複数の箱を用意したようなイメージである。このように変数の数が多くなると，プログラムを作成する上で，プログラムの把握や管理が困難になる。また，プログラムが複雑になり，わかりにくくなってしまう。

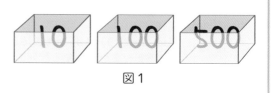

図1

1．配列

複数の変数が同じ意味や内容を持つ場合，上記の問題を解消するために利用されるのが**配列**である。配列は，図2のように，変数の箱を一列に隙間（すきま）なくつなげて並べたようなイメージである。

変数は，箱の1つひとつに変数名を付けて活用した。対して配列は並んだ箱全体に「配列名」を付けて活用

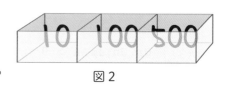

図2

する。配列内のそれぞれの箱は番号で区別し，「配列名（番号）」で表記する。これによって，複数の変数をまとめて1つの変数のようにして扱うことができる。

2．添字

配列内の箱（要素）を区別する番号のことを**添字**（そえじ）という。添字は，多くのプログラミング言語では，0からはじまり，配列名をNamとした場合，Nam(0)，Nam(1)，Nam(2)，…として配列内の要素を表す。数字以外に，変数でも代用でき，Nam(i)やNam(n)などとして利用できる。

また，添字が0からはじまり，配列Namに10個のデータを0から順番に保存した場合，10個目のデータは添字が9の要素に保存されることになる。ただし，配列はどこから使用してもよく，特定の番号を使用しなくてもよい。よって，添字が1の要素から利用すれば，10個のデータを保存する場合に，最後のデータを添字が10の要素に保存することができる。なお，Scratchでは添字は1から，VBAでは添字は0から使用が可能となっている。

3．配列のデータ型

配列に格納できるデータの型は，配列を宣言する際に明らかにする。この明らかにしたデータの型を**配列のデータ型**という。配列を整数型で宣言して活用した場合，配列内において，「1」や「100」などの整数値を扱うことはできるが，「A」や「あ」などの文字列を扱うことはできない。もちろん，その他の型も同様に，宣言した型以外の型を扱うことはできない。ただし，配列をバリアント型で宣言することで，整数型と文字列型のデータを同一の配列内で扱うことも可

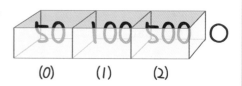

(0)　(1)　(2)

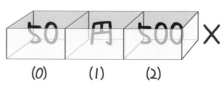

(0)　(1)　(2)

能となる（プログラミング言語によってはバリアント型がないものもある）。

1 配列 Lsta に n 個の整数値のデータを入力し，配列 Lstb に後から入力されたデータから保存するフローチャートとプログラムを作成しなさい。

処理のイメージ

Lsta(1)〜Lsta(6)に10，20，30，40，50，60のデータを入力する。

配列
Lsta

	(1)	(2)	(3)	(4)	(5)	(6)
	10	20	30	40	50	60

Lsta(6)のデータが Lstb(1)，Lsta(5)のデータが Lstb(2)，Lsta(4)のデータが Lstb(3)，Lsta(3)のデータが Lstb(4)，Lsta(2)のデータが Lstb(5)，Lsta(1)のデータが Lstb(6)のデータが保存され，配列 Lstb は以下のようになる。

配列
Lstb

	(1)	(2)	(3)	(4)	(5)	(6)
	60	50	40	30	20	10

2 配列 Lst に n 個の整数値のデータを入力し，入力したデータと奇数番号の要素の合計，偶数番号の要素の合計を表示するフローチャートとプログラムを作成しなさい。

処理のイメージ

10 個のデータを配列 Lst に入力する。

配列
Lst

	(1)	(2)	(3)	(4)	(5)	(6)	(7)	(8)	(9)	(10)
	30	74	99	48	72	32	14	44	33	97

上記の配列から，奇数番号の要素の合計を計算するには，

奇数番号の合計 $=$ Lst(1) $+$ Lst(3) $+$ Lst(5) $+$ Lst(7) $+$ Lst(9)
$=$ 30 $+$ 99 $+$ 72 $+$ 14 $+$ 33

となり，248 を表示する。同様に，偶数番号の要素の合計は，

偶数番号の合計 $=$ Lst(2) $+$ Lst(4) $+$ Lst(6) $+$ Lst(8) $+$ Lst(10)
$=$ 74 $+$ 48 $+$ 32 $+$ 44 $+$ 97

となり，295 を表示する。

6 関数を定義して使ってみよう

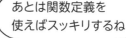 キーワード □関数 □引数 □戻り値（返り値） □関数の定義

今日の数学で
最大公約数を求める
方法をやったけど…

あれって本当に
正しい結果が
でるのかな？

391　253

数値を1つずつ
確かめるのも
大変だなー

そういう
ときこそ
コンピューター
の出番だよ！

ウ〜ン

プログラムを作って
2から順番に
それぞれの値を割って
割り切れたら
その値を保存すれば
いいだけだから

そうか！
やってみよう！

できた！

…けど
何だか長くて
難しくみえる
プログラムだな〜

そうだね

繰り返しの
終了条件は
割る数が
数の大きい整数
の半分を超える
までで十分じゃ
ないかな？

あとは関数定義を
使えばスッキリするね

あ、
先生

カ…
カンスウテイギ？

⚡1 こうしたい！

・整数 a と整数 b の（　①　）を求めたい。
　方法は整数 a と整数 b を1 から順番に割り，
　両方が割り切れた値を保存して求める。
　ただし，割り切れるということは余りが
　（　②　）となることであり，以下の手順
　で確認する。
　手順1　以下の計算を行う。
　　整数 % 割る数＝余り
　手順2　余りが（　②　）か判定する。

※ただし，整数 a と整数 b は異なる値とする。

⚡2 どうする？

❶ 整数 a と整数 b を入力する。

❷ 割る数が整数 a と，整数 b の（　③　）を
　超えるまで(1)〜(3)の処理を繰り返す。

　(1) 整数 a に対して手順1と手順2を行う。
　(2) 整数 b に対して手順1と手順2を行う。
　(3) 整数 a と整数 b で余りが（　④　）の
　　場合，割る数を保存する。

❸ 保存された割る数を表示する。

③ シナリオ化

A
整数aを入力する変数はAnm，整数bを入力する変数はBnm，割る数を格納する変数はDvs，割り切れた際の合図を格納する変数はFlg，最大公約数を格納する変数はDspとして準備する。

B
整数aを変数Anmに入力する。

C
整数bを変数Bnmに入力する。

D
変数Dvsに1を設定する。

E
変数DvsがAnm÷2より大きく，かつBnm÷2より大きくなるまで作業を繰り返す。

F
変数Flgに割り切れた際には1を加算するため，変数Flgに0を設定する。

G
関数「計算処理」を実行する。

H
関数「計算処理」を実行する。

I
変数Flgと2を比較する。

J
変数Dspを変数Dvsの値にする。

K
変数Dvsに割る数を設定するため，変数Dvsに1を加算する。

L
最大公約数を記憶した変数Dspを表示する。

M
余りを格納する変数はRmnとして準備する。

N
変数Fabを変数Fdvで割った余りを変数Rmnに格納する。

O
変数Rmnと0を比較する。

P
変数Flgに1を加算する。

④ フローチャート

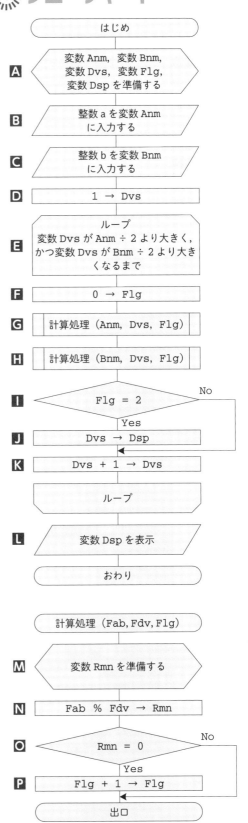

整数 a を253，整数 b を391 とした場合の例

● Scratch

Anm	253
Bnm	391
Dvs	196
Flg	0
Dsp	23
Rmn	1

● VBA

Microsoft Excel ×
整数aを入力してください　　　　　　OK

Microsoft Excel ×
整数bを入力してください　　　　　　OK
253　　　　　　　　　　　　　　　キャンセル
391

Microsoft Excel ×
23
OK

⑤ プログラム

Scratch

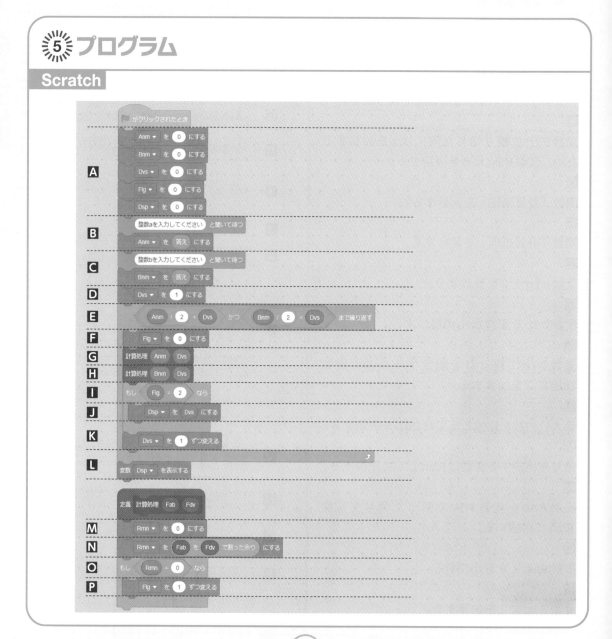

```
Sub 最大公約数 ()
    ┌ Dim Anm As Long     ' 整数 a を入力する変数 Anm を準備する
    │ Dim Bnm As Long     ' 整数 b を入力する変数 Bnm を準備する
 A  │ Dim Dvs As Long     ' 割る数を格納する変数 Dvs を準備する
    │ Dim Flg As Long     ' 割り切れた際の合図を格納する変数 Flg を準備する
    └ Dim Dsp As Long     ' 最大公約数を格納する変数は Dsp として準備する
 B  ┌ Anm = InputBox ("整数 a を入力してください ")   ' 整数 a を変数 Anm に入
    └                                                        力する
 C  ┌ Bnm = InputBox ("整数 b を入力してください ")   ' 整数 b を変数 Bnm に入
    └                                                        力する
 D  ┌ Dvs = 1    ' 割る数は 1 から確認するため, 変数 Dvs に 1 を設定する
    ┌ Do Until Dvs > Anm / 2 And Dvs > Bnm / 2
 E  │                  ' 変数 Dvs が Anm ÷ 2 より大きく, かつ Bnm ÷ 2 より大きく
    │                    なるまで作業を繰り返す
 F  ┌     Flg = 0    ' 変数 Flg に割り切れた際には 1 を加算するため, 変数 Flg に
    └                   0 を設定する
 G  ┌     Call 計算処理 (Anm, Dvs, Flg)   ' 関数「計算処理」を実行する
 H  ┌     Call 計算処理 (Bnm, Dvs, Flg)   ' 関数「計算処理」を実行する
    ┌     If Flg = 2 Then    ' 変数 Flg と 2 を比較する
 I  │                        (整数 a と整数 b が変数 Dvs で割り切れた場合,
    │                        変数 Flg は 2 となっている)
 J  ┌         Dsp = Dvs    ' 変数 Dvs で, 整数 a と整数 b が割り切れたため, 最
    └                        大公約数を格納する変数 Dsp を変数 Dvs の値にする
          End If
 K  ┌     Dvs = Dvs + 1   ' 変数 Dvs に割る数を設定するため, 変数 Dvs に 1 を
    └                        加算する
    Loop
 L  ┌ MsgBox Dsp    ' 最大公約数を記憶した変数 Dsp を表示する
End Sub


※  Function 計算処理 (ByVal Fab As Long, ByVal Fdv As Long, _
                   ByRef Flg As Long)
 M  ┌ Dim Rmn As Long     ' 余りを格納する変数 Rmn を準備する
 N  ┌ Rmn = Fab Mod Fdv   ' 変数 Fab を変数 Fdv で割った余りを変数 Rmn に格
    └                        納する
    ┌ If Rmn = 0 Then    ' 変数 Rmn と 0 を比較する
 O  │                    (割り切れた場合, 余りを格納する変数 Rmn は 0 になっ
    │                     ている)
 P  ┌     Flg = Flg + 1   ' 変数 Flg に割り切れた合図として, 変数 Flg に 1 を
    └                        加算する
    End If
End Function
```

※1つの命令文の文字が長くなってしまった場合, 画面に入りきらず, プログラムがとても見づらくなってしまう。そこで, 半角スペースと _ (アンダースコア) を使うと, 1つの命令文を複数の行に分割して入力できる。

エッセンス

1．関数

命令の集まりを定義したものを**関数**と呼ぶ。一度定義された関数は，何度でも呼び出して利用することができる。また，関数を実行する際に引き渡されるものを**引数**と呼ぶ。なお，関数が実行され，求められた結果の値を**戻り値（返り値）**と呼ぶ。ただし，プログラミング言語によっては，戻り値が存在しないこともあるため，利用する際にはプログラミング言語の仕様を確認する必要がある。なお，Scratch では，引数は使えるものの，戻り値が返せない。

2．関数を利用するメリット

何度も同じ命令群が実行される場合，関数として定義することでプログラムの行数を短くすることができる。また，複数の命令を関数としてまとめてプログラムを作成することで，アルゴリズムの技法などの詳細に触れなくても，プログラムの全体像が把握しやすく，わかりやすいものとなる。さらに，訂正や改良をする際にも，関数として定義した命令であれば，関数部分のみを直せばよいため，作業の効率化を図ることもできる。しかし，あまりにも細かく区切りすぎたり，関数が多すぎたりするとかえってわかりにくいプログラムになってしまうことがあるため，関数を利用する際には十分に注意が必要である。

3．関数の未使用との比較事例

右のプログラムＡの「命令２」～「命令５」は，同じ手順が繰り返されているため，「命令２」～「命令５」を関数として定義し，プログラムＢを作成している。関数を利用したプログラムＢのほうが，プログラムの行数が短くなっていることがわかる。また，プログラムＡは命令１から順番に15の命令を１つずつ追っていかないと，プログラムの内容を把握できない。しかし，関数を利用したプログラムＢは６つの処理を追うことでプログラムを把握できる。さらに，命令２の内容に変更があった場合，プログラムＡでは，３回の訂正が必要になるが，プログラムＢは関数内の命令２を１回訂正するだけで作業を終えることができる。

チャレンジ

本節で扱った最大公約数を求めるプログラムについて，割り切れた合図として，変数 Flg に1を加算している処理から，変数 Flg から1を引く処理にプログラムを書き換え，必要な個所も併せて変更したフローチャートを作成しなさい。

Scratch 操作説明編

1．Scratch（スクラッチ）とは

　Scratch は，アメリカのマサチューセッツ工科大学（MIT）メディアラボによって開発されたプログラミング言語である。Scratch 3.0 は Web ブラウザー上で動作するので，インターネットに接続している環境であれば，ソフトウェアをインストールするなどの作業をすることなく，すぐにプログラムを作成することができる。インターネットに接続しないで使用したい場合は，Scratch 3.0 デスクトップ・エディターをダウンロードし，これをインストールしてプログラミングすることもできる。本書は，Windows10 に標準で付属する Web ブラウザー Microsoft Edge 上でプログラミングすることを前提として説明している。

2．Scratch のサイトにアクセスしてみよう

　Microsoft Edge を起動し，[検索または Web アドレスを入力] のボックスに scratch.mit.edu/（または https://scratch.mit.edu/）と入力後，| Enter | を押すか → をクリックする。Scratch のサイトが表示される。

※画像は 2019 年 1 月時点

3．アカウントを作成し，サインインしてみよう

　サービスを利用するための権利や資格を**アカウント**という。Scratch はユーザー名とパスワードを設定し，メールアドレスなどを登録すれば，無料でアカウントを作成することができる。アカウントを作成せずに，プログラミングすることもできるが，その場合，作成したプログラムを保存することができない。ここではアカウントを作成し，サインインしてみよう。

① Web ページの右にある [Scratch に参加しよう] をクリックする。　　　クリック

②ユーザー名とパスワードを入力し，［次へ］をクリックする。画面が変わったら，「生まれた年と月」，「性別」，「国」を選択し，［次へ］をクリックする。

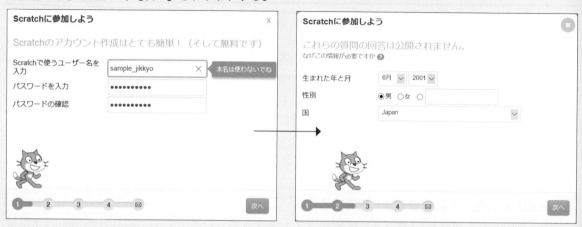

③電子メールアドレスを入力し，［次へ］をクリックすると，［Scratch へようこそ！］の画面が表示される。右下の［さあ、はじめよう！］をクリックする。

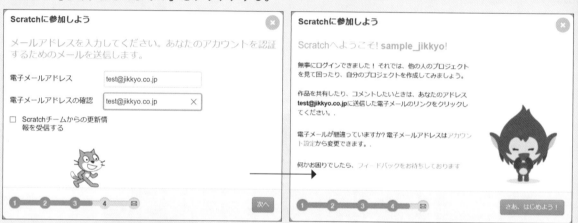

④ Web ページの右側にユーザー名が表示される。

⑤ユーザー名の右にある ✔ をクリックすると，メニューが開く。ここからプロフィールの設定やサインアウトができる。

※サインインとサインアウト

ユーザー名(ユーザー ID)とパスワードを入力してコンピューターやインターネットに接続する操作を**サインイン**(**ログイン**または**ログオン**)という。接続を切断，または利用を終了する操作を**サインアウト**(**ログオフ**)という。

4．プログラミングしてみよう

（1）プログラムを作成する画面を表示しよう

① Web ページに表示された［作る］をクリックする。

クリック

② プログラムを編集する画面が表示される。

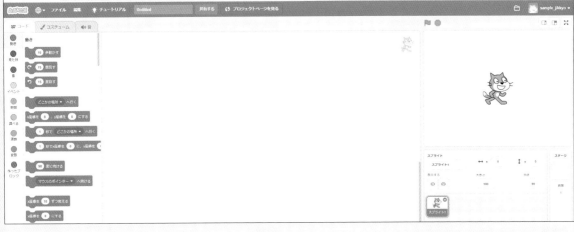

（2）ブロックの種類を確認してみよう

　Scratch は，あらかじめ用意されたブロックを組み合わせることで簡単にプログラミングができる。この
ブロック1つひとつを**コード（code）**という。コードとは，プログラミングの世界では一連の処理命令をプ
ログラミング言語で記述したもののことをいう。

　Scratch ではブロック1つひとつをコードというが，ブロックをつなげて作るひと固まりの処理手順も
コードという。ここでは，どのようなブロック（コード）があるのかを確認してみよう。

　［**コード**］タブが選択されていることを確認する。ブロックは機能別に色分けされている。グループ名を
クリックすると，そのグループに該当するブロックが表示される。

グループ名を
クリックする。

選択しているグループの
ブロックが表示される。

[機能によるコードの分類]

動き	イベント
移動や回転，座標などを指示	イベントが発生する条件などを指示
10 歩動かす x座標を 0 、y座標を 0 にする	▶ がクリックされたとき スペース ▼ キーが押されたとき
見た目	**制御**
スプライトの見た目などを指示	繰り返し処理や条件処理などを指示
こんにちは! と 2 秒言う 次のコスチュームにする	ずっと　　　　　もし ◆ なら
音	**調べる**
音を鳴らすことや音量の調整などを指示	キーボードなどの状態を調べるとき
終わるまで ニャー ▼ の音を鳴らす 音量を -10 ずつ変える	スペース ▼ キーが押された マウスのx座標
演算	**変数**
計算式や条件式などを設定するとき	変数やリストの作成・利用のとき
◯ + ◯　　　◆ かつ ◆	変数を作る　　　リストを作る
作ったブロック	**（拡張機能の追加）**
新しいブロックを作成するとき	ビデオモーションセンサーやペンなどの拡張機能の追加
ブロックを作る	

[ブロックの形による分類]

上下に接続できるブロック	10 歩動かす　こんにちは! と 2 秒言う
上または下のみ接続できるブロック	スペース ▼ キーが押されたとき　すべてを止める ▼
間にはめ込むブロック	もし ◆ なら でなければ
パーツブロック このブロックのみでは使用できないので，他のブロックの穴にはめ込んで使用する。	◯ + ◯ スペース ▼ キーが押された

（3）ブロックをつなげてみよう

①スプライト一覧から，コードを付ける対象を選択する。

②使用するブロックを選択し，コードエリアへドラッグ＆ドロップする。

③次に使うブロックを選んで，コードエリアへドラッグし，すでにあるブロックの下にドロップして接続する。

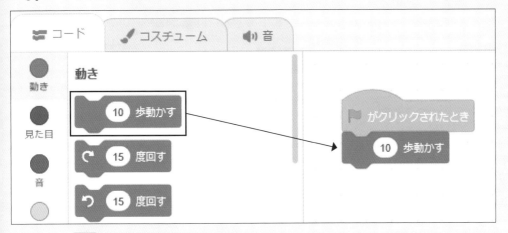

④マウスで  をクリックすると，プログラムが実行される。

マウスポインターを置くと，ボタンが拡大表示される。

プログラムの実行と停止

実行ボタン

止めるボタン

63

（4）ブロックをはずしてみよう

はずすブロックにマウスポインターを置き，ドラッグ＆ドロップする。

※必ず下にあるブロックを移動してドロップする。

下につながっているブロックはまとめてはずれるので，ブロックとブロックの間にあるブロックをはずすときは，そのブロック以下をまとめて一度はずしてから不要なブロックをはずしてつなげ直す。

（5）ブロックを削除してみよう

ブロックをブロックエリアへドラッグ＆ドロップする。またはブロック上で右クリックし，[**ブロックを削除**] をクリックする。

【方法1】

【方法2】

（6）ブロックを整理してみよう

並べたブロックを整理整頓するときは，コードエリア上のブロックのない箇所で右クリックし，[**きれいにする**] をクリックする。コードエリア内のブロックが整理されて中央に表示される。

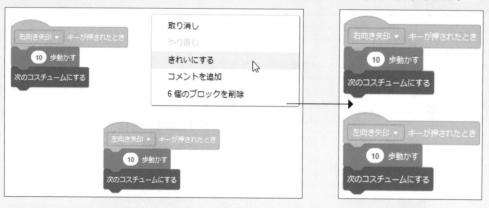

（7）接続したブロックをコピーしてみよう

つなげたブロックのうち，先頭のブロック上で右クリックし，表示されたメニューから [**複製**] をクリックすると，接続されたひと固まりのコードがコピーされる。

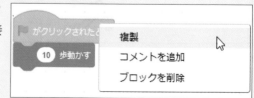

5．ブロックの使い方

（1）ユーザーとの対話とパーツブロックの使い方

ユーザーに問い合わせたデータを利用する方法とパーツブロックの使い方を紹介する。

① 「調べる」グループにある  ブロックをつなげる。

② 「あなたの名前は何ですか？」を「君の名前は？」に変更する。

③ 「見た目」グループにある  ブロックをつなげる。

④ 「演算」グループにある （りんご と バナナ） ブロックを「こんにちは！」と表示されているところへ入れる。「こんにちは！」の文字が消えて，ブロックの中にパーツブロックが挿入される。

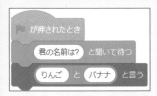

⑤ 「りんご」を「こんにちは！」に変更する。「バナナ」の箇所には「調べる」グループにある （答え） ブロックを挿入する。

⑥ をクリックしてプログラムを実行する。表示されたボックスに文字（名前）を入力後， をクリックするか Enter を押す。ユーザーが入力した文字（下記ではミノル）が含まれた状態で下記のように表示される。

（2）変数の利用

答え ブロックで保持できるデータは1つだけである。例えば，下記のように連続してユーザーに問い合わせたときは，最後に入力したデータのみが 答え に格納されている。

（プログラム）　　　　　　　　　　　　　（実行結果）

こんにちは！赤

ユーザーが入力したデータをそれぞれ利用したいときには，変数を利用すればよい。変数それぞれにデータを入れておくことができるだけでなく，その値を入れ替えて利用することもできる。

上記のプログラムは，次のように変更すればよい。

①データグループにある 変数を作る をクリックする。[新しい変数]のボックスが表示される。ここでは，名前のデータを預けるので，変数名を「Name」にする。 OK をクリックすると，変数のブロックが作成される。

※一般的なプログラミング言語では，変数名には英数字を使うことが多いが，Scratchではその制限がないので，「名前」「なまえ」のような変数名でもよい。

②Nameの値（箱の中身）は，画面上に表示させないように ✓ をクリックしてチェックをはずす。

③次のようにブロックを並べる。

作成された変数のブロックにある Name ▼ を 0 にする をつなげる。
「0」の箇所に 答え を入れる。
プログラムを実行すると，「Name」という変数の中に 答え にある値が入る。
りんご と バナナ を3個入れて作る。

④実行結果は次のようになる。

こんにちは！赤色が好きなミノル

（3）リストの利用

　Scratch では，**配列**のことを**リスト**と呼ぶ。ここでは，おみくじプログラムを例にリストの使い方を紹介する。

①データグループにある　リストを作る　をクリックすると，［**新しいリスト**］のボックスが表示される。リスト名を「おみくじ」と入力し，　OK　をクリックすると，リストのブロックが作成される。

②次のようにブロックを並べる。

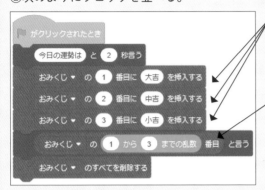

おみくじ ▼ の 1 番目に 1 を挿入する を 3 個つなぐ。
1 番目を「大吉」，2 番目を「中吉」，3 番目を「小吉」にする。

こんにちは！ と言う の「こんにちは！」の箇所に おみくじ ▼ の 1 番目 を入れる。次に「1」の箇所に 1 から 10 までの乱数 を入れ，「10」までを「3」までに変更する。

　このようにすると乱数が発生し，リストの 1 番目から 3 番目のいずれかが選ばれる。

　最後に　おみくじ ▼ のすべてを削除する　をつなぐ。このブロックをつないでおかないと，プログラムを実行するたびにリストに値が追加されてしまうので，つなぎ忘れないように注意する。

③おみくじリストの値を画面上に表示させないように，✓ をクリックしてチェックをはずす。

☐ おみくじ

④実行結果は次のようになる。

（4）選択処理（分岐処理）

　選択処理のブロックは，制御グループにある。　や　　のブロックを使って処理を選択させる。

例えば，ユーザーに任意の数値を入力してもらい，その値によって表示するメッセージを変えるときには，次のようにブロックを並べる。

選択処理のブロックを入れたあと，選択の条件式と条件に応じた処理のブロックを入れる。

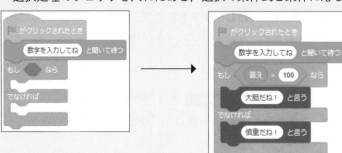

この場合　答え　の値が100を超えたら「大胆だね！」と表示し，そうでなければ「慎重だね！」と表示する。

（5）繰り返し処理（ループ）

制御グループには，繰り返し処理を行うブロックがある。

ブロック…指定した回数だけ処理を繰り返す。

ブロック…ずっと繰り返す。

ブロック…条件にあてはまるまで繰り返す。

例えば，5まで数えるプログラムは次のように作成する。

①データグループにある　変数を作る　をクリックして［新しい変数］を作成する。
　変数名は「Num」にする。

②次のようにブロックを並べる。

③下記のように，繰り返し処理のブロックを挿入する。

1から数えるので「0」を「1」に変更する。
5まで数えるので「10」を「5」に変更する。
　こんにちは！と言う　をつなげたあと，変数のブロックをはめる。
Num の値を1ずつ変える。
1秒待つ。プログラムは　Num と言う　へ戻る。5回繰り返して終了。

（6）カスタムブロックの利用（ユーザー定義関数）

　何回も繰り返し行う作業を，そのたびに記述するとプログラムが長くなってしまい，かえって見づらくなる。このようなときは，カスタムブロックを使って一連の流れを自分で定義し，使うときに呼び出すとよい。
　例えば，前述の5まで数えるプログラムを定義するには次のようにする。

①作ったブロックグループにある　ブロックを作る　をクリックする。

②「ブロックを作る」が表示される。ブロック名に「カウント」と入力し，OK をクリックする。

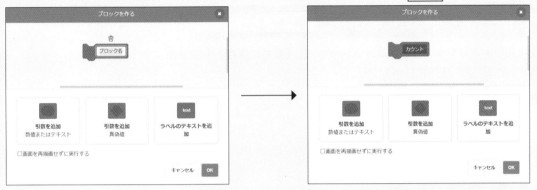

※引数などを使用するときは，下に表示されている［引数を追加］のボタンをクリックする。

③コードエリアには　定義 カウント　が表示される。この後にブロックをつなげる。

④定義したプログラムは「カウント」というブロックになっている。使用するときは，作成したブロックをつなげればよい。

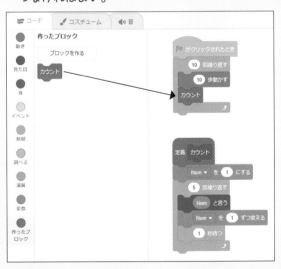

6．保存してみよう

作成したプログラムを保存しよう。保存できるのは，サインイン（→ p.59）しているときだけである。なお，Scratch ではプログラム全体のことを**プロジェクト**という。

①ステージの上にある枠に「Untitled」と表示されている。この文字を削除してプロジェクト名を入力する。
Scratch には自動保存の機能があるので，入力しないとプロジェクト名は「Untitled」のままになる。

②［**ファイル**］をクリックすると，メニューが開く。［**直ちに保存**］をクリックする。

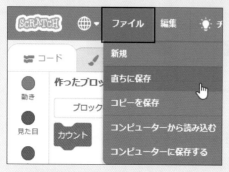

※前述のとおり，自動保存の機能があるので，この操作をしなくても一定の間隔で保存される。

③保存が終わると，コードエリアの右上に「プロジェクトが保存されました。」と表示される。

7．保存したプロジェクトを呼び出してみよう

①コードエリア右上のユーザー名の右にある▽をクリックすると，メニューが開くので，［**私の作品**］をクリックする。

②作成したプロジェクトが一覧で表示される。プロジェクトの［**中を見る**］をクリックすると，プロジェクトが開きコードの追加や変更ができる。

8．スプライト

　［作る］をクリックしたとき，画面に表示されているネコは「スクラッチキャット」という Scratch の公式キャラクターである。このネコ以外にも，多くのキャラクターが Scratch には用意されている。これらのキャラクターを Scratch では**スプライト**と呼ぶ。

（1）スプライトを追加

　スプライトエリアにある 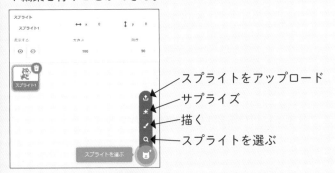 の上にマウスポインターをのせるとメニューが表示され，スプライトの追加や編集を行うことができる。

- スプライトをアップロード
- サプライズ
- 描く
- スプライトを選ぶ

【スプライトを選ぶ 🔍 】

　用意されているスプライトを選択することができる。

【描く ✏ 】

　［コスチューム］タブに切り替わる。オリジナルのスプライトを描いたり，選択したスプライトの編集ができる。

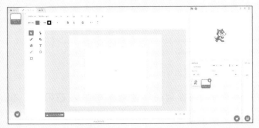

【サプライズ ✳ 】

　任意のスプライトがスプライトエリアに挿入される。

【スプライトをアップロード 🠕 】

　コンピューターに保存されている画像をスプライトとして使用することができる。

（2）スプライトの操作

スプライトの位置や大きさなどを変更したいときには，変更したいスプライトを選択した状態で，スプライトエリアにある各設定の数値などを変更する。

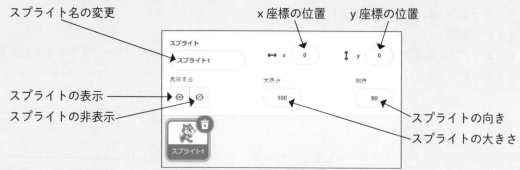

【スプライト名の変更】

入力されている「スプライト1」を削除し，スプライトに付ける新しい名前を入力する。

【x 座標の位置・y 座標の位置】

ステージ中央が x = 0，y = 0 の位置である。数値を変更すると，スプライトの位置が変わる。

【スプライトの表示・非表示】

ステージ上にあるスプライトの表示および非表示は，ボタンで切り替えることができる。

表示　　　　　非表示

【スプライトの大きさ】

数値を入力すると，スプライトの大きさが変わる。

【スプライトの向き】

数値を入力するボックス内をクリックすると，サークルが表示される。「自由に回転」や「左右のみ」などを選択してから ➡ をドラッグするか，数値を入力する。

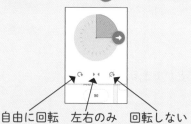

自由に回転　左右のみ　回転しない

【スプライトの複製・削除・書き出し】

スプライトを選択した状態で右クリックすると，スプライトの複製，削除，書き出しができる。

9．コスチューム

　スプライトが選択されている状態で［**コスチューム**］タブに切り替えてみよう。スプライトには**コスチューム**があり，これを切り替えることでアニメーションさせることができる。コスチュームにはそれぞれ番号と名前があり，これを使って制御を行う。

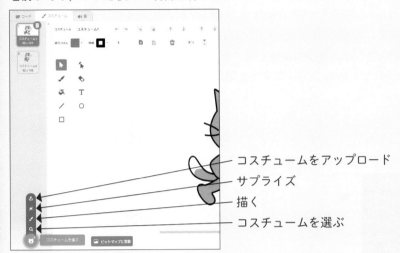

コスチュームをアップロード
サプライズ
描く
コスチュームを選ぶ

10．音

　スプライトが選択されている状態で［**音**］タブに切り替えてみよう。初期設定で用意されている音だけでなく，ファイルから読み込むことやマイクから録音した音声を設定することもできる。

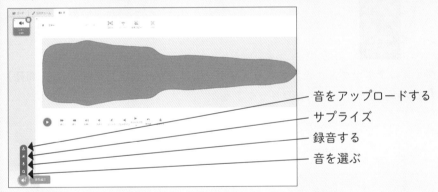

音をアップロードする
サプライズ
録音する
音を選ぶ

11．背景

　画面右下の［**背景を選ぶ**］の各ボタンから背景を設定できる。

背景をアップロード
サプライズ
描く
背景を選ぶ

（設定例）

Excel VBA 操作説明編

1．VBA とは

　VBA は，Visual Basic for Applications の略で，Microsoft 社の Office 製品(Excel や Word など)に搭載(とうさい)されているプログラミング言語である。本書では，Excel2016 上で VBA によるプログラミングを行うことを前提としている(Excel2013・2019 でもほぼ同様の操作手順である)。なお，学習した内容はソフトウェア独自の処理を除いて Word や Access など他の Office 製品でも活用することができる。

2．開発タブの表示

　VBA を利用するには，リボンに［開発］タブを表示するように設定を変更する必要がある。

① ［ファイル］をクリック後，表示された項目から［オプション］をクリックする。

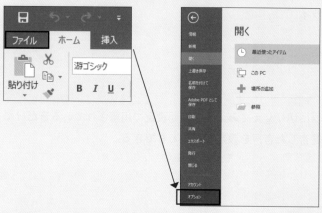

② ［Excel のオプション］ダイアログボックスが表示される。［リボンのユーザー設定］を選択し，［開発］の前にある□をクリックして☑に変更し， OK をクリックする。

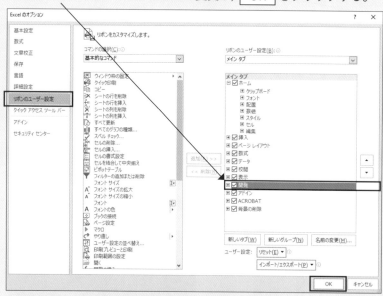

③ ［開発］タブが表示される。

3. [開発] タブの各ボタンと機能

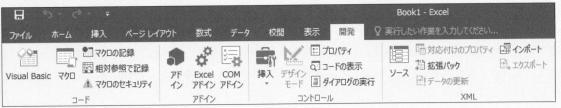

(1) [コード] グループ

① Visual Basic

クリックすると，VBE (Visual Basic Editor) が起動する。ここでコードの編集を行う。

② マクロ

[マクロ] ダイアログボックスの一覧からマクロの実行，編集，削除などができる。

③ マクロの記録

クリックすると，ユーザーが行うシートへの操作をマクロとして自動記録を開始する。

④ 相対参照で記録

上記の自動記録時に相対参照で記録したいときにクリックする。

⑤ マクロのセキュリティ

クリックすると，[セキュリティセンター] から [マクロの設定] を変更することができる。

(2) [アドイン] グループ

アドインとは，Excel に追加できる拡張機能のことである。各ボタンをクリックすると，それぞれ追加できる機能が表示される。本書では扱わない。

(3) [コントロール] グループ

① 挿入

シートに「フォームコントロール」または「ActiveX コントロール」を挿入する。

② デザインモード

クリックすると，デザインモードのオンとオフが切り替わる。オンにすると，シートにある ActiveX コントロールの書式設定の変更などができる。

③ プロパティ

選択しているシートのプロパティを表示する。

④ コードの表示

選択しているシートに組み込まれている VBA のコードを編集する。

⑤ ダイアログの実行

ユーザーが設定したダイアログボックスを実行する。

(4) [XML] グループ

XML データを利用するときに使用する。本書では扱わない。

４．VBA の基礎用語
（1）オブジェクト

　セルやシートなど，操作の対象になるものを**オブジェクト**という。操作の対象となるオブジェクトは階層構造で管理されている。例えばセル A1 を指定するとき，単純に「Range("A1")」と記述すると，現在選択しているシートのセル A1 として認識される。他のシートのセル A1 を指定したいときは，さかのぼって上位から順に指定する。

1. アプリケーション	Application オブジェクト
2. ブック	Workbook オブジェクト
3. シート	Worksheet オブジェクト
4. セル	Range オブジェクト

（記述例①）　`Range("A1":"D10")`　　　セル A1 からセル D10 までのセル範囲 （記述例②）　`Sheet2.Range("A1")`　　　Sheet2 のセル A1

（2）プロパティ

　オブジェクトが持つ特徴や状態のことを**プロパティ**という。オブジェクトによって利用できるプロパティは異なる。例えば，セルのプロパティにはセルの内容（中身）の状態を保持する Value プロパティやセル範囲の名前を表す Name プロパティなどがある。

プロパティの値を取得 （書式）　　オブジェクト . プロパティ （記述例）　`Range("A1").Value`　　　セル A1 の値を取得する。

プロパティの値を設定 （書式）　　オブジェクト . プロパティ ＝ 値 （記述例）　`Range("A1").Value=100`　　　セル A1 に 100 を代入する。 　　　　　　※プロパティには，値の取得しかできないものがある。

（3）メソッド

　オブジェクトに対して動作を指示するときに使う命令のことを**メソッド**という。例えば，セルに対するメソッドとして，セルを選択する Select メソッドや，セルの内容をコピーする Copy メソッドなどがある。

オブジェクトの動作を指示 （書式）　　オブジェクト . メソッド （記述例）　`Range("A1").Select`　　　セル A1 を選択する。

条件を指定してオブジェクトの動作を細かく指示 （書式）　　オブジェクト . メソッド　引数 ：＝ 値 （記述例）　`Range("A1").Copy Destination:=Range("B1")` 　　　　　　　　　　　　セル A1 の値をセル B1 へコピーする。

引数とは，プログラムに渡す情報のことである。引数を指定すると細かく指示できる。

引数 Destination は省略可能なため，前述の指示は次のように記述することもできる。

```
Range("A1").Copy Range("B1")
```

※引数を省略すると，既定値が設定されたことになる。なお，複数の引数を使用するときは，
「オブジェクト . メソッド　引数 1，引数 2，引数 3」と，カンマで区切って指定する。

（4）イベント

マウスでボタンがクリックされた，| Enter | が押されたなど，オブジェクトから認識される動作を**イベント**という。特定のイベントに対して，どのような処理を行うかをコードに記述する。

```
（記述例）  Private Sub CommandButton1_Click()
              実行する処理
          End Sub
```

> 下線の箇所がイベントである。
> 「コマンドボタンが押された」という
> イベントが発生したときの処理を記述。

（5）ステートメント

プログラム上の 1 つひとつの命令を**ステートメント**という。ステートメントを次の行に続けたいときは，_（半角スペースとアンダースコアの行継続文字）を使用してつなぐ。

```
（記述例）  Sub sample()
              Range("A1").Select        1 行 1 行がステートメント
          End Sub
```

なお，狭義では関数ではない何らかの完結した指示や命令をステートメントと呼ぶ場合もある。この場合，上記の例では 1 行目が Sub ステートメント，3 行目が End ステートメントで，2 行目はステートメントではなくオブジェクト式と呼ぶ。

（6）プロシージャ

プログラムとして正常に機能する最小単位を**プロシージャ**という。下記はプロシージャの記述例で，「Sub」〜「End Sub」までが 1 つの Sub プロシージャである。

```
（記述例）  Sub sample()
              Range("A1").Select        この 1 つのまとまりがプロシージャ
          End Sub
```

なお，プロシージャには Sub プロシージャ，Function プロシージャ，Property プロシージャがある。

（7）モジュール

モジュールとは，一般的にシステムを構成する 「ある機能を持った部品」のことをいう。VBA ではコードを記述する専用の場所をモジュールと呼び，ここに各プロシージャをそれぞれ記述することで 1 つのモジュール（部品）となっている。VBA のモジュールはオブジェクトに属するものもあるが，本書では汎用的な標準モジュールについてのみ扱う。

（8）プロジェクト

複数のモジュールで構成される１つの大きなプログラムを**プロジェクト**という。VBA では，下記のような構成となる。

$$
\text{プロジェクト}
\begin{cases}
\text{・モジュール}
\begin{cases}
\text{・プロシージャ}\\
\text{・プロシージャ}\\
\text{・プロシージャ}
\end{cases}\\[2mm]
\text{・モジュール}
\begin{cases}
\text{・プロシージャ}\\
\text{・プロシージャ}
\end{cases}\\[2mm]
\text{・モジュール}
\begin{cases}
\text{・プロシージャ}\\
\text{・プロシージャ}\\
\text{・プロシージャ}
\end{cases}
\end{cases}
$$

なお，Excel では１つのブック（ファイル）を１つのプロジェクトと定義している。

５．変数

プログラムで使用する値を保存するための箱のような入れ物のことを**変数**という。変数を利用すれば値を入れ替えることができるので，複雑な処理も簡潔に記述することができる。

（1）変数のデータ型

変数を宣言するときには，変数にどのような種類の値を入れるのかデータ型を指定する。指定することによって，その変数に入れることができる値を規制することができる。代表的なデータ型は表のとおりである。なお，型を省略すると自動的にバリアント型になる。

【変数宣言で使用するおもなデータ型】

変数型	データ型	値の範囲
Boolean	ブール型	True または False
Byte	バイト型	0 〜 255 までの整数
Integer	整数型	−32,768 〜 32,767 の整数
Long	長整数型	−2,147,483,648 〜 2,147,483,647 の整数
Currency	通貨型	−922,337,203,685,477.5808 〜 922,337,203,685,477.5807 誤差をなくすときに使う。金額に使う型という意味ではない。
Single	単精度浮動小数点数型	−3.402823E38 〜 −1.401298E-45（負の数） 1.401298E-45 〜 3.402823E38（正の数）
Double	倍精度浮動小数点数型	−1.7976931348623E308 〜 −4.94065645841247E-324（負の数） 4.94065645841247E-324 〜 1.79769313486232E308（正の数）
Date	日付型	西暦 100 年 1 月 1 日〜西暦 9999 年 12 月 31 日の日付データ
String	文字列型	文字データに使用
Object	オブジェクト型	オブジェクトへの参照を保存する型
Variant	バリアント型	あらゆる種類の値を保存する型

（2）変数の宣言

変数を利用するときは一般的に「これから〇〇という名前の変数を使用する」とプログラム内で宣言してから使用する。宣言するときには，Dim ステートメントを使って次のように記述する。

（書式）	Dim 変数名 As 変数型
（記述例）	Dim Fna As String 氏名を格納する変数 Fna を文字列型で宣言

複数の変数をまとめて宣言するときには，カンマで区切って記述する。

（書式）	Dim 変数名１ As データ型，変数名２ As データ型，変数名３ As データ型・・・
（記述例）	Dim A As Date, B As Long, C As String
	※ Dim A,B,C As String のように記述するとＡとＢはバリアント型になる。

　変数は宣言しなくても使用することは可能だが，宣言をしないことで思わぬところでエラーが発生する場合がある。基本的に変数は宣言することを心がけよう。宣言することを忘れないようにするため，強制的に変数を宣言させるように VBE の設定を変更することができる。

【参考】変数の宣言を強制するように設定を変更する

① ［ツール］－［オプション］をクリックする。

② ［オプション］ダイアログボックスにある［編集］タブを選択し，［変数の宣言を強制する］に☑を入れる。

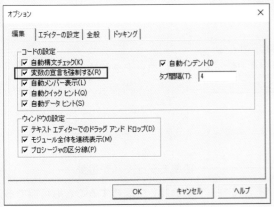

③これ以降のモジュールは，先頭に「Option Explicit」と自動的に追加される。この文があるモジュール内は宣言しないと変数が使えなくなる。この設定は Excel を終了しても引き継がれる。

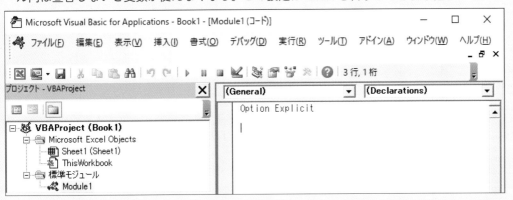

付録

（3）変数名のルール

変数に使用できる名前には，次のようなルールがある。

- 文字（英字，漢字，ひらがな，カタカナ）と _（アンダースコア）を使用することができる
- スペースや記号は使用できない
- 先頭の文字は英字，漢字，ひらがな，カタカナのいずれかにしなければならない
- 半角で 255 文字以内にする
- 同一適用範囲内では同じ変数名を使うことはできない
- VBA が使用する特別な語（変数の型名など）と同じ名前は使用できない

6．標準モジュールの挿入と削除

【標準モジュールの挿入】

コードを入力するために記述する場所となる**標準モジュール**を用意しよう。

① VBE を起動後，［挿入］－［標準モジュール］をクリックする。

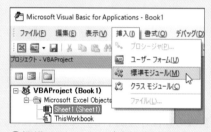

②標準モジュールが追加され，コードを記述するシートが表示される。

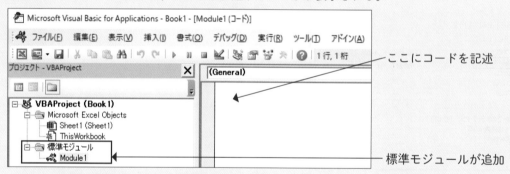

ここにコードを記述

標準モジュールが追加

なお，すでに標準モジュールが作成されているときは，そこにコードを追加して記述することも可能である。必要に応じてモジュールを挿入すること。

【モジュールの削除】

不要なモジュールは削除することができる。

①削除するモジュールを選択後，右クリックし，削除するモジュールの解放をクリックする。

削除するモジュールを選択して右クリック
（この例では「Module1」を選択して削除）

②標準モジュールを保存するかどうかを選択する。

保存せずに削除するときは いいえ(N) をクリックする。

7. コードの入力と実行

Sub プロシージャの書式は次のとおりである。Macro の箇所に作成するプログラムの名前を入れる。

```
(書式)  Sub Macro()
            処理
        End Sub
```

ここでは,「sample」という名前のプログラムを例にコード入力の方法について説明する。

①「Sub sample」と入力する。

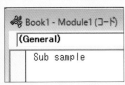

② Enter を押すと,「sample」の後に自動的に 「( )」が入力され, プロシージャの終わりを示す「End Sub」も入力される。

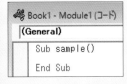

③カーソルは 「Sub」と 「End Sub」の間に表示されている。これから入力するコードを見やすくするために, Tab を押して字下げ(**インデント**)する。

④「range("A1")」と入力する。続けて「.」を入力すると, 後ろに続く候補が表示される。

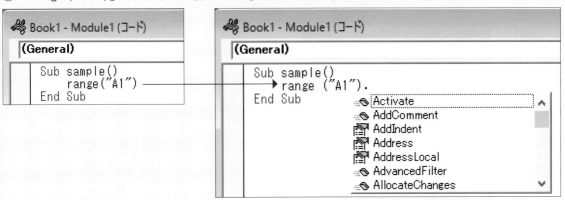

付
録

⑤さらに続けて 「v」を入力すると V ではじまる候補に変わる。ここでは $\boxed{\downarrow}$ を押して，Value の項目を選択し，次に $\boxed{\text{Tab}}$ を押すと文字が表示される。

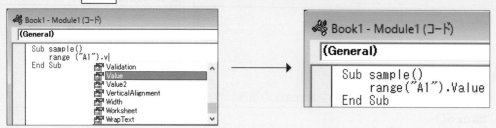

⑥さらに続けて「=100」と入力する。$\boxed{\text{Enter}}$ を押して改行すると，コードが読みやすいように自動的に「range」が「Range」になるなどの変換がされる。

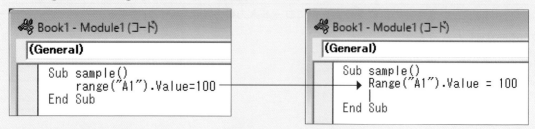

⑦次の行に「range("B1").Value=" 練習 "」と入力する。文字列を入力するときは「" "」で囲み，$\boxed{\downarrow}$ または $\boxed{\text{Enter}}$ を押して確定する。

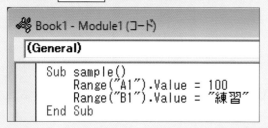

⑧ツールバーの［Sub/ ユーザーフォームの実行］をクリックするか，または $\boxed{\text{F5}}$ を押すとプログラムが実行される。

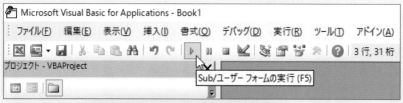

【実行結果】

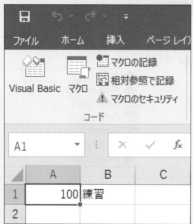

⑨プログラムの実行を途中で止めるときには，ツールバーの［**リセット**］をクリックする。

8．保存

作成したプログラムを保存するときは，ツールバーの［**上書き保存**］のボタンをクリックする。

なお，Excel のブックを一度も保存していない場合，このボタンをクリックすると［**名前を付けて保存**］ダイアログボックスが表示される。VBE で作成したプログラムは Excel のブックとともに保存されるので，ファイルの種類を「Excel マクロ有効ブック（.xlsm）」に変更後，ファイル名を入力して保存する。

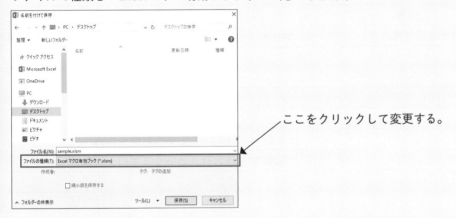

ここをクリックして変更する。

9．コメントの入力

コメントとは，コードに入れるメモ書きのようなものである。コメントを入力しておくと，後でプログラムを編集するようなときに，どのような処理をしていたのかを思い出しやすい。また，他の人がコードを見たときに，処理内容がわかりやすくなる。コメントは入力するように心がけよう。

コメントは，入力する場所をクリックし「**'**」（シングルクォーテーション）を入力後，コメントにする内容を入力する。コメントとした箇所は，既定では緑色の文字で表示される。

（入力例）

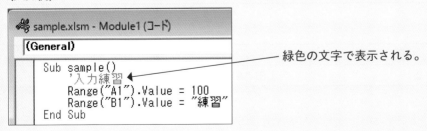

緑色の文字で表示される。

なお，プログラムの誤りを探すときなど，入力したコードの一部を一時的に処理からはずすときは，該当する行の先頭に「**'**」（シングルクォーテーション）を付けてコメントとして扱うことで対応できる。

10. 基本構文

（1）演算子

計算式で使用する演算子には次のようなものがある。

【算術演算子】

演算子	内容	例
＋	足し算	1 ＋ 2　　　　（結果）　3
－	引き算	5 － 3　　　　（結果）　2
＊	掛け算	3 ＊ 2　　　　（結果）　6
/	割り算	3 / 2　　　　（結果）　1.5
^	べき乗	2 ^ 3　　　　（結果）　8
¥	割り算の結果の整数部を返す	10¥3　　　　（結果）　3
Mod	割り算の結果の余りを返す	10Mod3　　　　（結果）　1

【代入演算子】

代入演算子とは，変数に値を代入する演算子のことで「＝（イコール）」を使用する。これは左辺と右辺が等しいという意味ではなく，左辺を変数や定数，右辺を値と見なす。

演算子	内容	例
＝	右辺の値を左辺に代入	Total ＝ 0　Total という変数に 0 という値を代入

（例）

変数に値を設定	
（書式）　変数＝値	
（例1）　A ＝ 100	変数 A に「100」という数値を代入
（例2）　B ＝ " 合計 "	変数 B に「合計」という文字列を代入

定数に値を設定	
（書式）　Const　定数名　As　定数の型＝値	
（例1）　Const　税率　As　Double ＝ 0.1	定数「税率」に「0.1」という実数を代入

※定数とは，数値や文字列に名前を付けたものである。
　宣言で値を初期化するが，この定数の値を変更することはできない。

プロパティに値を設定	
（書式）　オブジェクト名．プロパティ名＝値	
（例1）　Range("A1").Value ＝ 100	セル A1 に「100」という数値を代入

【連結演算子】

演算子	内容	例
＆	文字をつなげる	" 山田 "＆" 太郎 "　（結果）山田太郎

【比較演算子】

比較演算子とは，左辺と右辺の2つの値を比較して判定する演算子である。条件によって処理を変えるときなどに使用する。条件が成立した場合は True，成立しない場合は False を返す。

演算子	内容	例（[　]内は条件）
=	左辺と右辺が等しい	A=B　[AとBの値が等しい]
>	左辺が右辺より大きい	A>B　[Aの値がBの値より大きい]
>=	左辺が右辺以上	A>=B　[Aの値がBの値以上]
<	左辺が右辺より小さい（未満）	A<B　[Aの値がBの値より小さい]
<=	左辺が右辺以下	A<=B　[Aの値がBの値以下]
<>	左辺と右辺が等しくない	A<>B　[AとBの値が等しくない]
Like	文字列の比較	A Like "VBA"[Aは VBA という文字を持つ]
Is	オブジェクトの比較	A Is B[AとBが同じものを参照している]

【論理演算子】

複数の条件式を作成するときに使用する。

演算子	内容	例	
And	すべての条件を満たすとき True そうでなければ False を返す	A>=10 And B<20	変数 A の値が 10 以上かつ 変数 B の値が 20 未満
Or	いずれかの条件を満たすとき True そうでなければ False を返す	A>=10 Or B<20	変数 A の値が 10 以上または 変数 B の値が 20 未満
Not	条件を「ではない」と否定 否定した条件どおりであれば True， そうでなければ False を返す	Not A=10	変数 A の値が 10 ではない

（2）条件分岐

If…Then ステートメント	
条件が一致したときだけ処理を実行	
（書式）If　条件式　Then 　　　　条件式が成立するときの処理 　　End If	

（記述例）Sub Sample1()
　　　　Dim Data As Integer
　　　　Data = Range("A1").Value
　　　　If Data <= 0 Then
　　　　　　MsgBox(" 無効な値です ")
　　　　End If
　　End Sub
	① Sample1 プロシージャの開始
	②データ型が整数の変数 Data を宣言
	③変数 Data にセル A1 の値を代入
	④もし Data の値が 0 以下ならば
	⑤「無効な値です」というメッセージボックスを表示
	⑥条件式の終了
	⑦プロシージャの終了

If…Then…Else…ステートメント

条件に応じて実行する処理を分岐

(書式)
```
If 条件式 Then
     条件式が成立するときの処理
  Else
     条件式が成立しないときの処理
  End If
```

(記述例)

`Sub Sample2()`	① Sample2 プロシージャの開始
`    Dim Data As Integer`	②データ型が整数の変数 Data を宣言
`    Data = Range("A1").Value`	③変数 Data にセル A1 の値を代入
`    If Data <= 0 Then`	④もし Data の値が 0 以下ならば
`        MsgBox("無効な値です")`	⑤「無効な値です」というメッセージボックスを表示
`    Else`	⑥そうでなければ
`        MsgBox("適正な値です")`	⑦「適正な値です」というメッセージボックスを表示
`    End If`	⑧条件分岐の終了
`End Sub`	⑨プロシージャの終了

If…Then…ElseIf…ステートメント

条件が複数ある場合は，ElseIf ステートメントを使って，各条件に応じて別の処理を実行

(書式)
```
If 条件式1 Then
     条件式1が成立するときの処理
  ElseIf 条件式2 Then
     条件式2が成立するときの処理
  ElseIf 条件式3 Then
     条件式3が成立するときの処理    （～以下，条件4などがあれば同様に記述～）
  Else
     いずれの条件式も成立しなかったときの処理
  End If
```

(記述例)

`Sub Sample3()`	① Sample3 プロシージャの開始
`    Dim Data As Integer`	②データ型が整数の変数 Data を宣言
`    Data = Range("A1").Value`	③変数 Data にセル A1 の値を代入
`    If Data <= 0 Then`	④もし Data の値が 0 以下ならば
`        MsgBox(" 無効な値です ")`	⑤「無効な値です」というメッセージボックスを表示
`    ElseIf Data >= 10 Then`	⑥もし Data の値が 10 以上ならば
`        MsgBox("1桁の整数を入力")`	⑦「1桁の整数を入力」というメッセージボックスを表示
`    Else`	⑧そうでなければ
`        MsgBox(" 適正な値です ")`	⑨「適正な値です」というメッセージボックスを表示
`    End If`	⑩条件分岐の終了
`End Sub`	⑪プロシージャの終了

Select Case ステートメント

1つの条件式の結果に応じて複数の処理を実行

```
(書式)Select Case 条件式
        Case    条件1
                条件1が成立するときの処理
        Case    条件2
                条件2が成立するときの処理
        Case    条件3
                条件3が成立するときの処理
        ・・・・・・
        Case Else
                いずれの条件も成立しなかったときの処理
     End Select
```

(記述例)Sub Sample4()	
`Dim X As Integer`	① Sample4 プロシージャの開始
`X =InputBox("1から3までの数` `値を入力")`	②データ型が整数の変数 X を宣言 ③変数 X に入力ボックスから入力された数値を 　代入
`Select Case X`	④ X の内容によって条件分岐
`Case 1`	⑤1の場合
`MsgBox(" 大吉です ")`	⑥「大吉です」というメッセージボックスを表示
`Case 2`	⑦2の場合
`MsgBox(" 中吉です ")`	⑧「中吉です」というメッセージボックスを表示
`Case 3`	⑨3の場合
`MsgBox(" 小吉です ")`	⑩「小吉です」というメッセージボックスを表示
`Case Else`	⑪それ以外の数値の場合
`MsgBox(" 入力ミス ")`	⑫「入力ミス」というメッセージボックスを表示
`End Select`	⑬条件分岐の終了
`End Sub`	⑭プロシージャの終了

付録

【参考】

Case では，下記のように記述すれば，複数の値を指定することができる。

（例1）1から5の連続した値の場合

```
Case 1 To 5
```

（例2）式の値が2，4，6，7の場合

```
Case 2,4,6,7
```

（例3）式の値が5以下の場合

```
Case Is <= 5
```

Case Else は省略することもできる。

（3）繰り返し

For…Next ステートメント	
指定した回数だけ同じ処理を繰り返す	

（書式）For　変数名　=　初期値　To　終了値　Step　値(繰り返し処理後に加算する数)
　　　　　繰り返す処理
　　Next　変数名　（変数名は省略可能）

（記述例）Sub Sample5()	① Sample5 プロシージャの開始
Dim i As Integer	②データ型が整数の変数 i を宣言
For i = 1 To 10 Step 2	③変数 i に初期値 1 を代入。10 になるまで 2 ずつ加算
MsgBox i	④メッセージボックスに変数 i の内容を表示
Next	⑤ For ステートメント(③)に戻る
End Sub	⑥プロシージャの終了

【参考】

①変数は Long か Integer で宣言し，変数名として i，j，k を使うことが多い。

② Step 以降は省略することができる。省略した場合は 1 ずつ増える。

Do While…Loop ステートメント	
条件が成立している間，同じ処理を繰り返す。最初から条件が成立しないときは実行されない。	

（書式）Do While　条件式
　　　　　繰り返す処理
　　Loop

（記述例）Sub Sample6()	① Sample6 プロシージャの開始
Dim X As Integer, Y As Integer	②データ型が整数の変数 X，Y を宣言
X = 0	③変数 X に初期値 0 を代入
Y = 0	④変数 Y に初期値 0 を代入
Do While X < 10	⑤ X が 10 より小さい間は⑤から⑦を繰り返す
X = X + 1	⑥変数 X に 1 を加算
Y = Y + X	⑦変数 Y に X を加算
Loop	⑧ Do While ステートメント(⑤)に戻る
MsgBox Y	⑨メッセージボックスに変数 Y の内容を表示
End Sub	⑩プロシージャの終了

【参考】

①無限ループになったときは， Esc か Ctrl ＋ Break で抜ける。

②最低でも 1 度は処理を実行したいときは， Do …Loop While ステートメントを使う。

（書式）Do
　　　　繰り返す処理
　　Loop While　条件式

Do Until…Loop ステートメント

条件が成立するまで同じ処理を繰り返す。最初から条件が成立しているときは実行されない。

```
(書式)Do Until  条件式
        繰り返す処理
    Loop
```

(記述例)Sub Sample7()	① Sample7 プロシージャの開始
`    Dim X As Integer, Y As Integer`	②データ型が整数の変数 X，Y を宣言
`    X = 0`	③変数 X に初期値 0 を代入
`    Y = 0`	④変数 Y に初期値 0 を代入
`    Do Until X = 10`	⑤ X が 10 になるまで⑤から⑦を繰り返す
`        X = X + 1`	⑥変数 X に 1 を加算
`        Y = Y + X`	⑦変数 Y に X を加算
`    Loop`	⑧ Do Until ステートメント(⑤)に戻る
`    MsgBox Y`	⑨メッセージボックスに変数 Y の内容を表示
`End Sub`	⑩プロシージャの終了

【参考】

①無限ループになったときは，Esc か Ctrl + Break で抜ける。

②最低でも 1 度は処理を実行したいときは，Do …Loop Until ステートメントを使う。

```
(書式)Do
        繰り返す処理
    Loop Until  条件式
```

【ループからの脱出】

　無限ループを避けるためや繰り返し処理を特定の条件で終了させたいときは，Exit ステートメントを使う。処理が Exit ステートメントにくると，ループを抜けて次のステートメントに移動する。

　For…Next ステートメントを抜けるときには Exit For を，Do Loop ステートメントを抜けるときは Exit Do を使用する。

```
(記述例)X が 5 を超えるとループを終了
    Dim X As Integer
    X = 0
    Do While X < 11
        If X > 5 Then
            Exit Do
        End If
    MsgBox X
    X = X + 1
    Loop
```

（4）一括制御

With ステートメント

1つのオブジェクトに対して，複数のプロパティやメソッドを実行するとき，そのつど同じオブジェクトを指定せずに，まとめるときに使用する。

```
（書式）With オブジェクト名
        実行する処理
    End With
```

（記述例）Sub Sample8()
        With Range("A1:D4").Font
            .Name = " メイリオ "
            .Size = 14
            .ColorIndex = 3
            .FontStyle = " 太字 "
        End With
    End Sub
	① Sample8 プロシージャの開始
	②セル A1 から D4 のフォントについて一括処理
	③フォントをメイリオにする
	④フォントサイズを 14pt にする
	⑤フォントの色を赤にする
	⑥太字にする
	⑦一括処理終了
	⑧プロシージャの終了

【参考】

With ステートメントを使用しない場合は，次のような記述となる。

```
Sub Sample9()
    Range("A1:D4").Font.Name = " メイリオ "
    Range("A1:D4").Font.Size = 14
    Range("A1:D4").Font.ColorIndex = 3
    Range("A1:D4").Font.FontStyle = " 太字 "
End Sub
```

With ステートメントを使うことで重複する部分がなくなり，読みやすくなることがわかる。

11. 関数の利用

　関数とは，あらかじめ定義されている処理を行い，その結果を返す機能である。VBA で利用できる関数には次のようなものがある。

　・VBA 関数
　・Function プロシージャ（ユーザー定義関数）
　・Excel のワークシート関数

（書式）関数名（引数 1，引数 2，引数 3…）

　Excel で使用しているワークシート関数と VBA 関数は別のものであるが，関数の名前が同じで同様の機能を持つものもあれば，関数の名前は同じでも機能が異なるものもある。また，VBA でワークシート関数を呼び出して使うこともできる。使い方は VBA のヘルプを参照すること。

【参考】よく利用される VBA 関数

（1）日付や時刻を操作する関数

Now 関数
（書式）Now
（記述例）Sub Sample10() 　　　　　　　　Range("A1") = Now 　　　　　End Sub
（解説）現在の日時を返す。Now 関数には引数はない。

Year 関数・Month 関数・Day 関数
（書式）Year(日付) 　　　　Month(日付) 　　　　Day(日付)
（記述例）Sub Sample11() 　　　　　　　　Range("A1") = Year(Now) 　　　　　　　　Range("A2") = Month(Now) 　　　　　　　　Range("A3") = Day(Now) 　　　　　End Sub
（解説）Year 関数は引数に指定した日付の年を返す。Month 関数は月，Day 関数は日を返す。

Hour 関数・Minute 関数・Second 関数
（書式）Hour(時刻) 　　　　Minute(時刻) 　　　　Second(時刻)
（記述例）Sub Sample12() 　　　　　　　　Range("A1") = Hour(Now) 　　　　　　　　Range("A2") = Minute(Now) 　　　　　　　　Range("A3") = Second(Now) 　　　　　End Sub
（解説）Hour 関数は引数に指定した時刻の時を表す数値を返す。 　　　　Minute 関数は分，Second 関数は秒を返す。

（2）数値を操作する関数

Int 関数
（書式）Int(数値)
（記述例）Sub Sample13() 　　　　　　　　MsgBox　Int(12345.678) 　　　　　End Sub
（解説）数値の小数部を切り捨てて整数部を返す。 　　　　引数が負のとき，引数を超えない最大の負の整数を返す。

（3）ユーザーと対話する関数

MsgBox 関数
（書式）MsgBox(文字列，ボタンとアイコン，タイトル)
（記述例）Sub Sample14() 　　　　MsgBox(" 保存しますか？ ", vbYesNo + vbQuestion) 　　End Sub
（解説）指定したメッセージとボタンを表示する。 　　　　MsgBox 関数の結果を利用するときは，引数全体を(　)で囲む。 　　　　文字を表示するだけで結果を利用しないときは，引数を(　)で囲まなくてよい。
（実行例）

【ボタンに関する定数】

定数	内容
vbOKOnly	［OK］ボタンのみを表示
vbOKCancel	［OK］ボタンと［キャンセル］ボタンを表示
vbYesNoCancel	［はい］，［いいえ］，および［キャンセル］の3つのボタンを表示
vbYesNo	［はい］ボタンと［いいえ］ボタンを表示

【アイコンに関する定数】

定数	内容
vbCritical	警告メッセージアイコンを表示
vbQuestion	問い合わせメッセージアイコンを表示
vbExclamation	注意メッセージアイコンを表示

【MsgBox 関数が返す定数】

MsgBox 関数はユーザーがどのボタンをクリックしたかを返す。

定数	説明
vbOK	［OK］ボタンが押された
vbCancel	［キャンセル］ボタンが押された
vbYes	［はい］ボタンが押された
vbNo	［いいえ］ボタンが押された

InputBox 関数
（書式）InputBox(メッセージ，タイトル，最初に表示する文字列)
（記述例）Sub Sample15() 　　Dim buf As String 　　　buf ＝ InputBox(" 氏名を入力してください "," ユーザー登録 "," ここに入力 ") 　　　Range("A1") = buf 　　End Sub
（解説）ユーザーが文字列を入力できるダイアログボックスを表示する。 　　　　ユーザーが入力した文字列を返す。
（実行例）

【ユーザー定義関数(Function プロシージャ)】

　ユーザー定義関数とは，ユーザーが作成するオリジナルの関数のことで，Function プロシージャを使用して定義する。Function プロシージャで実行した結果は呼び出し元に値を返す。作成した関数を他のプロシージャから利用する場合は，Call ステートメントを使って呼び出す。

(書式)Function プロシージャ名(引数 As データ型) As 返すデータのデータ型 　　　　　　実行する処理 　　　End Function
(記述例)Function Zeikomi(kakaku As Long)　As Long 　　　　　　Zeikomi = Int(kakaku * 1.1) 　　　End Function
(解説)プロシージャ名には作成する関数の名前を記述する。 　　　　上記は消費税込みの金額を計算する関数 Zeikomi を作成した例である。 　　　　kakaku(引数)には別のプロシージャから受け取る値が入る。 　　　　2行目は　プロシージャ名　=　呼び出し元へ返す値　を記述している。 　　　　実行すると消費税込みの金額を計算し，その結果を呼び出し元に返す。
(使用例:標準モジュールに記述) 　　　Sub Sample16() 　　　　　Dim kakaku As Long 　　　　　　　kakaku = InputBox(" 価格を入力してください ") 　　　　　　　Call Zeikomi(kakaku) 　　　　　MsgBox (" 税込価格は " & Zeikomi(kakaku) & " 円です ") 　　　End Sub 　　　Function Zeikomi(kakaku As Long)　As Long 　　　　　Zeikomi = Int(kakaku * 1.1) 　　　End Function
(補足)モジュール内にある他のプロシージャを呼び出すには Call ステートメントを使う。 　なお，Call は省略することもできるため，Sub プロシージャは下記のように記述しても動作する。 　　　Sub Sample16() 　　　　　Dim kakaku As Long 　　　　　　　kakaku = InputBox(" 価格を入力してください ") 　　　　　　　MsgBox (" 税込価格は " & Zeikomi(kakaku) & " 円です ") 　　　End Sub

デバッグ（エラー処理）

　プログラムの誤りや欠陥のことを**バグ**（bug＝虫）という。**デバッグ**（debug）とは，プログラムに潜む誤りや欠陥を見つけ，バグを取り除いてプログラムを修正する作業のことである。エラーが表示されたときには，このデバッグ作業を行う。

（1）おもなエラーの種類

①コンパイルエラー

　コンパイルエラーとは，プログラミング言語で記述されたコードをコンピューターが理解できる機械語に変換（コンパイル）するときに，何らかの問題が発生して失敗し，中断するエラーのことをいう。

②実行時エラー

　プログラムを正しく実行できなかったときに発生するエラーを**実行時エラー**という。例えば，プログラムでファイルの読み込みを指示しているが，該当のファイルが指定した場所にないときは，プログラムが実行できず，実行時エラーとなる。

③論理エラー

　文法上の間違いはなく，またプログラムを実行してもエラーは表示されないが，実行結果が思うようなものになっていないエラーを**論理エラー**という。この場合は，プログラムの部分的な実行などを行ってエラーの原因を探す。

（2）Scratch におけるエラー対応

　Scratch は，他のプログラミング言語と比較すると，プログラムの作成時にエラーがほとんど表示されない仕組みになっている。作成したプログラムが思ったように動作しないときには，次のような手段でプログラム上の誤りを探す。

①プログラムの状態を確認

　ブロックの中にはチェックボックスが付いているものがある。ここをクリックしてチェックを付けると，ステージにその値が表示された状態になる。座標や変数の値を確認しながらプログラムを実行できる。

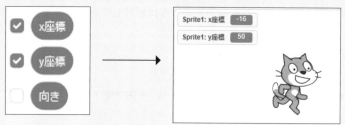

　このほかに，ブロックを使って，変数や座標の表示や条件式が成立しているかを確認することもできる。基本的には下記のようなブロックを作成し， の中に変数や条件式を入れることで，プログラム実行時に結果を吹き出しで表示することができる。

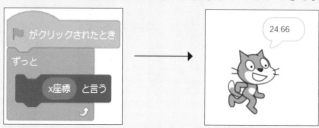

②ブレークポイントの設定

　ブレークポイントとは，プログラムの実行を一時的に停止させる場所や機能のことをいう。Scratch にはブレークポイントを設定する機能はないが，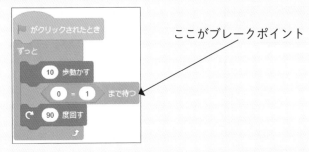 ブロックを使って同じことができる。

　処理を止めたい場所に まで待つ ブロックを入れる。そこに ◯=50 ブロックを入れ，式には異なる数値を設定する。これでプログラムを実行したときは必ずここで止まる。プログラムの修正ができたら，一致する数値に変更するか，またはブレークポイントとして設定したブロック全体をはずせばよい。

（設定例）

ここがブレークポイント

③その他のエラー

　Scratch は Web ブラウザー上で動作するプログラミング言語である。そのため，サーバーがダウンしたときや該当する Web ページがないときなどにエラーページが表示されることがある。これは，作成したプログラムに問題があるわけではない。Web ブラウザーの更新ボタンを押すか，正しい URL を入力するなどの操作で解決することがある。

　（例1）サーバーがダウンしていて一時的にアクセスできない

　（例2）該当する Web ページがない

付録

（3）VBAにおけるエラー対応

①コンパイルエラーの場合

VBE(Visual Basic Editor)は，命令を入力して Enter を押すと，その行に誤りがないかどうかチェックしている。単語のスペルミスなど，誤りがあるときはメッセージが表示され，誤りのある行が赤い文字になる。編集中にエラーが表示された場合は，メッセージの内容を確認し， OK をクリック後，その箇所を修正する。

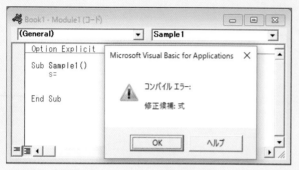

文法上の誤りからプログラムを実行したときに表示されるエラーもある。その場合は OK をクリック後，ツールバーの［リセット］ボタンをクリックしてプログラムを止める。反転表示されているエラー箇所の修正を行う。

［リセット］ボタン

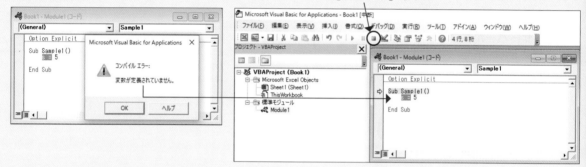

②実行時エラーの場合

実行時エラーが起こると，下記のようなウィンドウが表示される。 終了(E) をクリックすると，通常のコードウィンドウに戻る。 デバッグ(D) をクリックすると，エラー箇所が黄色で表示される。

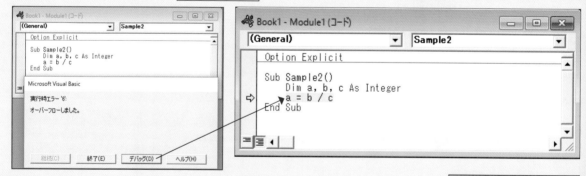

マウスポインターを各変数の上に置くと，変数の値を自動的に表示する。この例では，変数 c の値が 0 であることがわかる。ツールバーの［リセット］ボタンをクリックし，プログラムを止めて修正作業を行う。

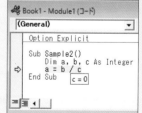

③論理エラーの場合

(A)ブレークポイントの設定

エラーの箇所を特定するために，ブレークポイントを設定するとよい。設定するときは，中断したい箇所の左側にある灰色の領域をクリックする。設定されると，その箇所は「●」が表示されるとともに反転表示になる。プログラムを実行するとその箇所が黄色に反転し，一時停止になる。

ブレークポイントを解除するときは，再度その「●」をクリックすればよい。なお，ブレークポイントは複数設定することができる。

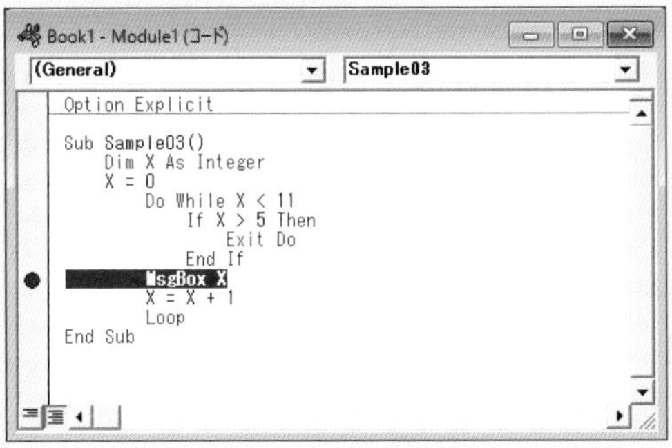

ブレークポイントを設定後，プログラムの流れを確認するには，次のような方法がある。

(a)ステップイン F8 または［デバッグ(D)］－［**ステップイン(I)**］

1行ずつプログラムを実行し，チェックする機能である。実行するプログラム名の中をクリックし，F8 を押す。F8 を押すたびに1行ずつプログラムが実行される。ステップインでチェックしている行は，黄色く塗りつぶされて表示される。

(b)ステップオーバー Shift ＋ F8 ，または［デバッグ(D)］－［**ステップオーバー(O)**］

中断されたところから1つのステートメントブロックまたはプロシージャごとに実行する。

(c)ステップアウト Ctrl ＋ Shift ＋ F8 ，または［デバッグ(D)］－［**ステップアウト(U)**］

中断されたところから残りすべてを実行する。

(d)カーソル行の前までを実行 Ctrl ＋ F8 ，または［デバッグ(D)］－［**カーソル行の前まで実行(R)**］

(B)ウォッチ式の利用

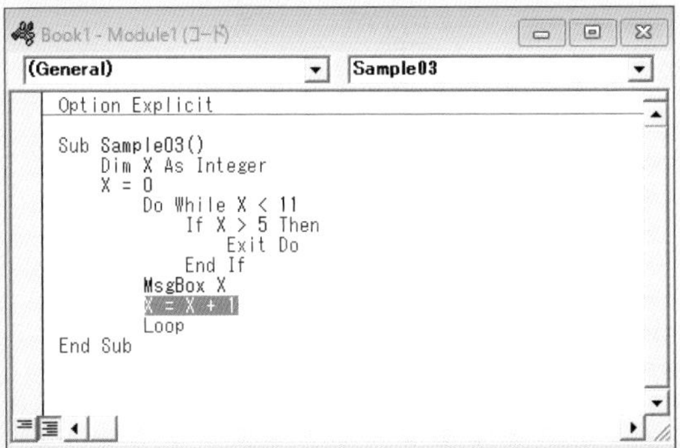

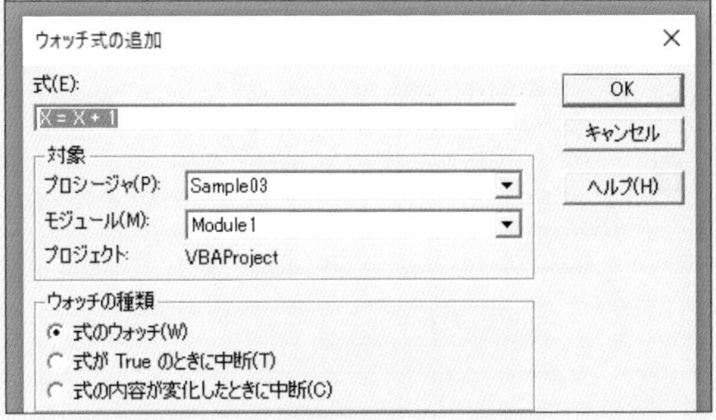

実行中の変数やプロパティの値を調べたいときには，ウォッチ式を利用するとよい。値を調べたい変数や式などを選択して，［デバッグ(D)］－［**ウォッチ式の追加(A)**］をクリックする。［**ウォッチ式の追加**］ダイアログボックスが表示されるので，OK をクリックする。

ウォッチウィンドウが表示され，指定した式が表示される。コードを実行すると，中断時に指定した式や変数の内容が表示される。

ウォッチ式を削除したいときは，ウォッチウィンドウにある削除したい行を選択後，右クリックして，［**ウォッチ式の削除(D)**］をクリックする。

落ちてくるリンゴを拾うゲームを作ろう

これまでプログラミングの基礎として「条件によって処理を変える」「繰り返し処理を行う」などの考え方を学習した。私たちがパソコンやスマートフォンなどで目にするゲームもプログラムであり，今まで学習してきた内容をもとにゲームを作成することができる。

ここでは，「キャラクターが障害物を避ける」「飛んできたボールを打ち返す」というような「ユーザーの操作によって処理を変える」という考え方を学習する。

例として，Scratch で「ユーザーが指示したときのみ画面上のネコが動く」「ネコが上から落ちてきたリンゴを受け止める」「受け止めたリンゴの数を得点とする」といった3つの操作を行うゲームの作り方を紹介する。

シナリオ化
【ネコ】

A

スペースキーを押したら，ネコの位置をスタート位置にする（X座標は0，Y座標は−120）。

B

「ゲームスタート」とネコが2秒いう。

C

右矢印キーを押したら右方向へ10歩動かす。
ネコが歩いているように見せるため10歩ごとにネコの画像（コスチューム）を入れ替える。

D

左矢印キーを押したら左方向へ10歩動かす。
ネコが歩いているように見せるため10歩ごとにネコの画像（コスチューム）を入れ替える。

E

失敗の数が3になったら「ゲームオーバー」とネコが2秒いって終了する。

※背景には blue sky を設定する。
※プロジェクト名「リンゴゲーム」

フローチャート
【ネコ】

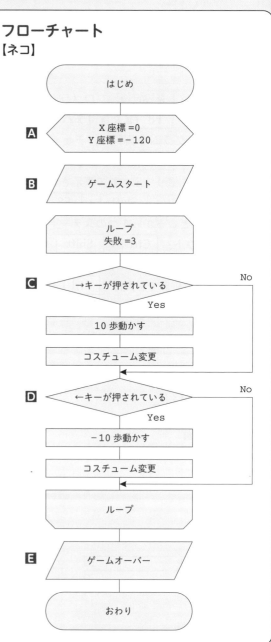

【リンゴ】

A
スペースキーを押したら，リンゴを受け止めた数（変数名：得点）と落とした数（変数名：失敗）を数える変数を初期化（0）する。

B
2秒待つ。

C
リンゴの位置は，X座標は乱数を発生させて設定し，Y座標は180とする。

D
リンゴはY座標を-5ずつ変化させ，画面上から下へ移動させる。

E
ネコがリンゴに触れたら，受け止めたことにして得点を1増やす。リンゴの位置を画面上部に戻すため，Y座標は180とし，X座標は乱数を発生させて設定する。

F
地面についたら失敗を1増やす。リンゴの位置を画面上部に戻すため，Y座標は180とし，X座標は乱数を発生させて設定する。

失敗の数が3になるまで**D**から**F**の操作を繰り返す。

失敗の数が3になったら，動きを止める。

【リンゴ】

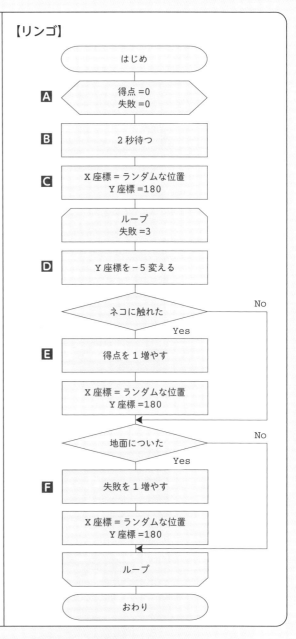

付録

実行例

プログラム

【ネコ】

```
        スペース ▼ キーが押されたとき
A    x座標を (0) 、y座標を (-120) にする
B       ゲームスタート と 2 秒言う
         失敗 = 3 まで繰り返す
        もし  右向き矢印 ▼ キーが押された  なら
C           10 歩動かす
        次のコスチュームにする

        もし  左向き矢印 ▼ キーが押された  なら
D           -10 歩動かす
        次のコスチュームにする

E       ゲームオーバー と 2 秒言う
        すべてを止める ▼
```

【リンゴ】

```
        スペース ▼ キーが押されたとき
A       得点 ▼ を (0) にする
        失敗 ▼ を (0) にする
B          2 秒待つ
C    x座標を (-200) から (200) までの乱数 、y座標を (180) にする
         失敗 = 3 まで繰り返す
D    y座標を (-5) ずつ変える
        もし  Sprite1 ▼ に触れた  なら
E       得点 ▼ を 1 ずつ変える
        x座標を (-200) から (200) までの乱数 、y座標を (180) にする

        もし  y座標 = -150  なら
F       失敗 ▼ を 1 ずつ変える
        x座標を (-200) から (200) までの乱数 、y座標を (180) にする

        このスクリプトを止める ▼
```

※スペースキーは日本語入力システムがオフの状態で押す（オンだと動作しない）。

エッセンス

1．イベントドリブン(event driven)

　プログラミングでは「マウスでクリックする」や「右矢印キーを押す」など，発生した出来事を**イベント**という。イベントは前述のようなユーザーの操作によるものだけでなく，「印刷を実行した」や「トラブルが発生」など，他のプログラムを実行した結果によることもイベントという。このイベントに応じてプログラムが動くことを**イベントドリブン（イベント駆動）**といい，それに対応するプログラムを作成する手法が**イベントドリブン（イベント駆動）型プログラミング**である。

　Scratch では「イベント」グループに用意されているブロックを使って，イベントごとの処理を行う。

　この例題では「スペースキーを押す」というイベントの発生によってゲームがスタートし，「右矢印キーを押したとき」や「左矢印キーを押したとき」という条件によって処理を実行しているが，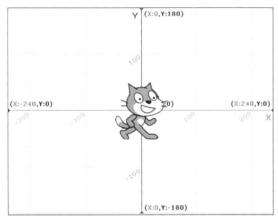 などのブロックを使ってプログラムを分けて作成することもできる。

2．座標

　スプライトの位置を明確に指示したいときには座標を利用する。Scratch ではステージの中心をX＝0，Y＝0 で表し，ステージの大きさを，横は X が−240〜240，縦は Y が−180〜180 の範囲で表している。

　ライブラリーから xy-grid の背景を選択し，変更してみよう。下図のようになり，スプライトが表示されるステージの範囲が明確にわかる。

　座標には**絶対座標**と**相対座標**がある。

　絶対座標は X＝0，Y＝0 の中心を基準とした位置のことで，スプライトがステージ上のどこにいるかなど正確な位置を示すときに使う。

　相対座標は，特定の位置を基準として，そこからの距離で位置を示す。例えば，「現在いる位置から右へ 10 歩」というのは相対座標である。

3．乱数

　乱数とは，出現する値があらかじめ決まっていない数のことである。例えば，さいころを振ると出る目は 1 〜 6 の範囲であるが，どの数が出るかは予測できない。同じようにこの例題では，X座標を−200 〜 200 の範囲で乱数を使って指定することで，リンゴが出現する位置が常に同じにならないため，ユーザーはリンゴの位置を予測できないことからゲームとして成立している。

チャレンジ

リンゴゲームを変更してみよう。

1 リンゴのＹ座標を−10 ずつ変化させてみよう。

  −5 ずつ変化するときとの違いを確認後，Ｙ座標を−1〜−20 の範囲で設定し，リンゴの動きを調整しよう。

2 プログラムを作成後，スプライトエリアにあるリンゴを右クリックし，リンゴのスプライトをコピーしてみよう。このとき作成したコードも同時にコピーされる。プログラムを実行し，違いを確認してみよう。

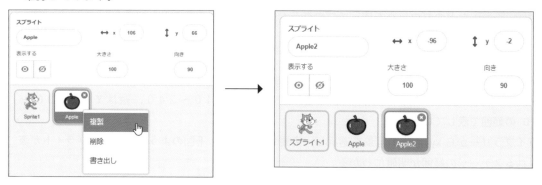

3 ネコが上下にも移動できるようにプログラムを変更してみよう。

4 ネコのスプライトを削除し，次の(1)〜(6)の条件を満たすプログラムに変更してみよう。

  (1) リンゴのスプライトは 3 つ，背景画像は blue sky のままにする。

  (2) スペースキーを押したら，ゲームスタートとする。

  (3) リンゴはそれぞれ任意の位置から落下させる。

  (4) マウスポインターでリンゴを触ったら，得点とする。

  (5) リンゴは地面（Ｙ座標＝−150）に着いたら失敗とする。

  (6) 失敗数が 3 になったらゲームオーバーとする。

番号順に並べ替えるアルゴリズムを作ろう

さまざまなアルゴリズムの中に**ソートアルゴリズム**がある。ソートとは，大量のデータを昇順または降順に並べ替えることをいう。ここでは，ソートアルゴリズムの中でも，となり合う2つのデータを比較して入れ替える**バブルソート**を行う。数字が移動していくようすが，水中の泡が浮かんでいくようすに似ていることからそのように名付けられている。

シナリオ化

A

・基準となる配列の添字を記憶する変数 a を準備する。

・入力したデータ数を記憶する変数 n を準備する。

・比較するデータ数を記憶する変数 p を準備する。

・配列 Lst を準備する。

・配列 Lst に並べ替えるデータを入力する。

・変数 n に入力したデータ数を記憶する。

B

・変数 p に入力したデータ数を記憶した変数 n の値を記憶する（配列の後ろから位置を確定させるため）。

・配列 Lst の p 番目から順番に1つずつ位置を確定する(p の値を1ずつ減らす)。

・変数 p が1になるまで作業を繰り返す。

C

・変数 a に1を記憶する（基準となる配列の添字 a は1からはじまるため）。

・変数 a は1，2，3…というように順番に1つずつ変化させる（a の値を1ずつ増やす）。

・変数 a が変数 p-1 と同じになった時点で作業を終了する(基準となる配列の添字が比較するデータ数と同じ値になった場合，比較できなくなるため)。

D

・配列の基準(Lst(a))と基準の1つ右側(Lst(a+1))を比較する。

E

・配列の基準が大きい場合, Sv を活用し, Lst(a) と Lst(a+1)の値を交換する。

F

・配列の基準が大きくない場合，何もしない。

G

・配列 Lst を表示する。

フローチャート

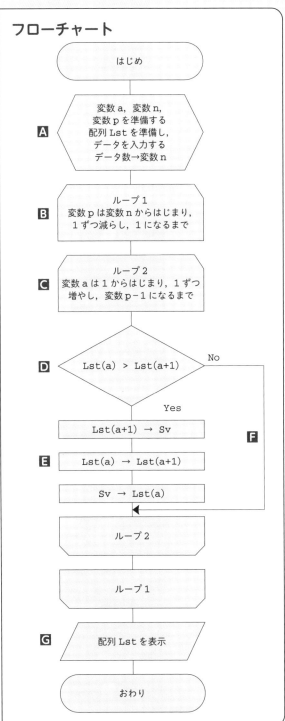

実行例

Scratch

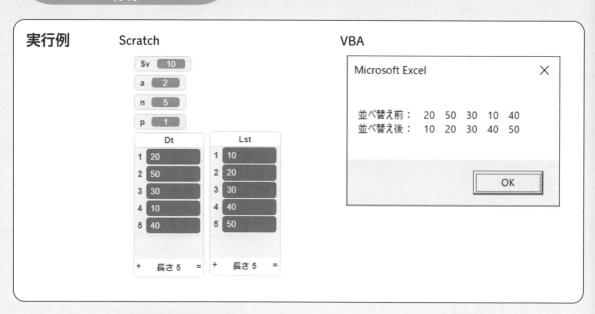

VBA

Microsoft Excel   ✕

並べ替え前： 20 50 30 10 40
並べ替え後： 10 20 30 40 50

OK

プログラム　Scratch

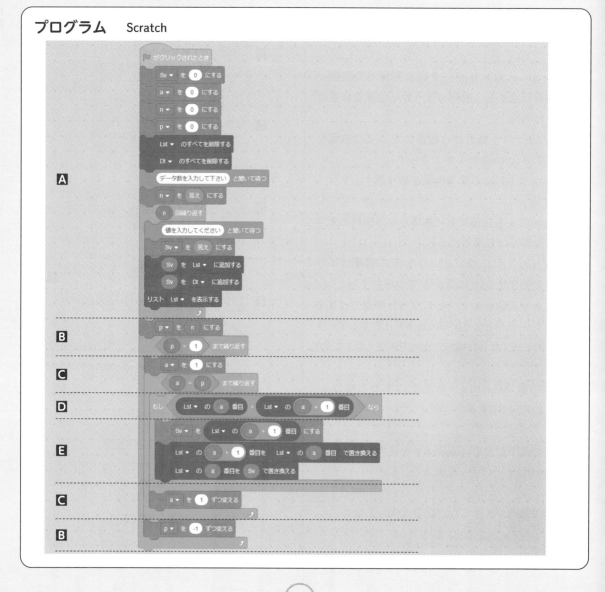

VBA

```
Sub バブルソート()
    Dim Lst(1 To 1000) As Integer    ' 配列を準備する
    Dim n As Integer    ' 入力したデータ数を記憶する変数 n を準備する
    Dim Prn As String    ' 結果を表示するための変数 Prn を準備する
    Dim a As Integer    ' 基準となる配列の添字を記憶する変数 a を準備する
    Dim p As Integer    ' 比較するデータ数を記憶する変数 p を準備する
    Dim Sv As Integer    ' 交換作業に使用する変数 Sv を準備する

A   n = InputBox(" データ数を入力してください ")    ' 並べ替えるデータ数を入力する
    Prn = Prn & " 並べ替え前:  "
    For a = 1 To n Step 1    'a は 1 からはじまり，1 ずつ増やし，n になるまで繰り返す
        Lst(a) = InputBox(" データ " & a & " を入力してください ")    ' データを入力する
        Prn = Prn & Lst(a) & "  "    ' 並べ替えるデータを記憶する
    Next a
        Prn = Prn & vbCrLf

B   For p = n To 1 Step -1    'p は n からはじまり，1 ずつ減らし，1 になるまで繰り返す

C        For a = 1 To p - 1 Step 1    'a は 1 からはじまり，1 ずつ増やし，p-1 に
                                       なるまで繰り返す

D            If Lst(a) > Lst(a + 1) Then    'Lst(a) と Lst(a+1) を比較し，Lst(a)
                                             が大きい場合，交換作業を行い，それ以
                                             外の場合は何もしない

E                Sv = Lst(a + 1)
                 Lst(a + 1) = Lst(a)
                 Lst(a) = Sv    ' 交換作業を行う

             End If
        Next a
    Next p

G   Prn = Prn & " 並べ替え後:  "
    For a = 1 To n    'a は 1 からはじまり，1 ずつ増やし，n になるまで繰り返す
        Prn = Prn & Lst(a) & "  "    ' 並べ替えたデータを記憶する
    Next a
    MsgBox Prn    ' 結果を表示する

End Sub
```

エッセンス

　数字の異なる複数枚のカードに対し，バブルソートを使って数値を左（上）から昇順に並べ替えると，手順は以下のようになる。

手順

⑴　左端のカードを「基準」とする。

⑵　基準を基準の1つ右側にあるカードと比較する。

⑶　基準のカードの値が大きい場合，カードを交換する。

⑷　基準のカードの値が大きくない場合，何もしない。

⑸　基準とするカードを1つ右側のカードに変更する。

　手順としては，⑴からはじめ，⑵→⑶か⑷→⑸→⑵→⑶か⑷→⑸→⑵→…という順番で，右側にカードがある限り繰り返すことで並べ替えることができる。

作業例

　次のような5枚のカードを利用し，バブルソートを使って実際に並べ替えの作業を行ってみよう。

①左端のカードを「基準」とし（手順⑴），基準の20と基準の1つ右側の50を比較し（手順⑵），基準の値が大きくないため，何もしない（手順⑷）。

②基準とするカードを1つ右側（左端から2番目のカード）に変更し（手順⑸），基準の50と基準の1つ右側の30を比較し（手順⑵），基準の値が大きいため，カードを交換する（手順⑶）。

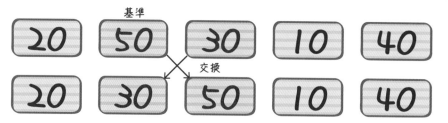

③基準とするカードを1つ右側（左端から3番目のカード）に変更し（手順⑸），基準の50と基準の1つ右側の10を比較し（手順⑵），基準の値が大きいため，カードを交換する（手順⑶）。

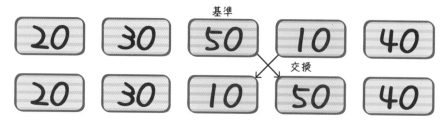

④基準とするカードを1つ右側（左端から4番目のカード）に変更し（手順(5)），基準の50と基準の1つ右側の40を比較し（手順(2)），基準の値が大きいため，カードを交換する（手順(3)）。

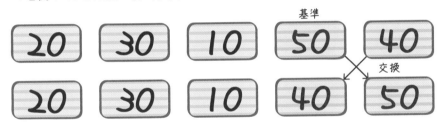

⑤基準とするカードを1つ右側（左端から5番目のカード）に変更したいが，基準の1つ右側にはカードがないため比較ができない。そのため，5枚の中で最も大きい値（50）が確定する。

　上記のような作業を繰り返し，すべてのカードの位置を確定させることで，左側から昇順に並べ替えることができる。

　プログラムを組んでデータの並べ替えをするには，並べ替えを行うデータを一度保存する必要がある。データを保存するための変数を1つひとつ設定する場合，データが5個では5個の変数，データが10個では10個の変数が必要となり，データ数が多ければ多くなるほど管理が煩雑になる。そこで**配列**を活用し，1つのまとまりとしてデータを保存することで，管理を容易にすることができる。上記の実行例のカードを，設定した配列 Lst に置き換えた場合，次のようになる。

〇「データの交換」について（フローチャートの**E**ブロック）

　手順(2)において，基準が Lst(1) のときは，Lst(2) と比較し，基準が Lst(2) のときは，Lst(3) と比較する。つまり，基準の値と比較を行う基準の1つ右側の値は，基準の添字に1を足せば，場所を指定することができる。つまり，基準の値が格納されている場所の添字を変数 a とした場合，1つ右側の格納場所の添字は a+1 となり，基準の値の格納場所は Lst(a)，1つ右側の値の格納場所は Lst(a+1) と表現できる。さらに，手順の(3)の交換において，配列の中におけるデータを入れ替えればよいため，

```
        Lst(a)    →  Lst(a+1)  …ⅰ
        Lst(a+1)  →  Lst(a)    …ⅱ
```

とすればよいように考えられる。しかし，上記のⅰの段階で，Lst(a+1) に格納されたデータが上書きされてなくなっている。つまり，ⅱの作業は無意味なものとなってしまう。そこで，この状況を避けるために，上記のⅰの作業の前に Lst(a+1) のデータを別のところに保存する必要がある。ここでは，変数 Sv を設定し，Lst(a+1) のデータを Sv に保存してから，Lst(a) のデータを Lst(a+1) に保存し，その後 Sv のデータを Lst(a) に保存する。作業は以下のようになる。

```
        Lst(a+1)  →  Sv
        Lst(a)    →  Lst(a+1)
        Sv        →  Lst(a)
```

○「比較するデータ数」について（フローチャートの **B** ブロック 「ループ1」）

　実行例では並べ替えるデータ数が5個であるため，最初は5個のデータを比較し，1つのデータの位置を確定するが，2巡目では，最大値に決定した1個のデータを除いた4個のデータを比較すればよい。以降，3巡目では，さらに1個を除いた3個のデータとなり，4巡目では2個，最後は比較が行われていない。つまり，比較が一巡して，データの位置が1つずつ確定するたびに，比較するデータの数は1つずつ減っていることがわかる。

　以上をまとめると，

　比較するデータ数は，並べ替えるデータ数から1ずつ減らし，1になるまで

手順(1)〜(5)を繰り返すこととなる。

○「基準となるデータ」について（フローチャートの **C** ブロック 「ループ2」）

　作業例の⑤からわかるように，基準がLst(5)になった場合，それより後に値がないため比較ができない。2巡目では，基準がLst(4)になった場合，1つ右側のLst(5)はすでに最大値として確定しているため比較する意味がない。同様に3巡目では，基準がLst(3)になった場合，Lst(4)以降はすでに順番が確定しているため比較する意味がなく，4巡目では基準がLst(2)になった場合，5巡目では基準がLst(1)になった場合も，それ以降の順番が確定しているためいずれの場合も比較する意味がない。

　以上をまとめると，

　基準となる配列の添字は1からはじまり，1ずつ増やし，比較すべきデータ数から1少ない値になるまで

手順(2)〜(5)を繰り返すこととなる。

チャレンジ

1. バブルソートのフローチャートを，データの降順に並べ替えるように変更するには，どこをどのように変えればよいか考えてみよう。

2. データ数がN個の場合，バブルソートでフローチャートの **D** ブロックの部分（Lst(a) > Lst(a+1)）を通る回数は何回になるか考えてみよう。

略解

✦₁ こうしたい！
✦₂ どうする？の答え

「チャレンジ」の答え（フローチャートおよびプログラムコード）は，実教出版Webサイトよりデータをダウンロードしてご確認ください。

2章　アルゴリズムの作成

1 順次構造の基本を学ぼう（p.10）
①ウ　②イ　③ア　④ウ　⑤ア　⑥イ

2 選択構造の基本を学ぼう（p.12）
①ア　②イ　③ウ　④ウ　⑤イ　⑥ア

3 繰り返し構造の基本を学ぼう（p.14）
①ウ　②エ　③イ　④エ　⑤ア　⑥ウ　⑦ア　⑧イ

4 選択構造と繰り返し構造を組み合わせてみよう（p.16）
①イ　②エ　③ア　④ウ　⑤ア　⑥エ

3章　プログラミング基礎編

2 順次構造のプログラミングを学ぼう（p.20）
①水　②食塩（①と②は順不同）　③食塩　④水
⑤％（パーセント）　⑥100

3 選択構造のプログラミングを学ぼう（p.24）
①うるう年　②4　③100　④400　⑤0　⑥100
⑦400

4 繰り返し構造のプログラミングを学ぼう（p.28）
①1000　②37000　③土曜日　④日曜日（③と④は順不同）
⑤7　⑥6　⑦0

4章　プログラミング実践編

1 合計を求めるプログラムを作成しよう（p.32）
①合計　②1　③同じ

2 エンゲル係数を計算するプログラムを作成しよう（p.36）
①食費　②（家計の）消費支出　③100　④消費支出
⑤食費　⑥100

3 ボウリングのスコアの平均を求めよう（p.40）
①ゲーム数　②平均点　③得点　④合計点　⑤ゲーム数

4 最大値を探すプログラムを作成しよう（p.44）
①大きい（高い）　②点数　③最大値　④大きい

5 配列を使って金種計算をしよう（p.48）
①枚数　②枚数　③配列　④合計金額

6 関数を定義して使ってみよう（p.54）
①最大公約数　②0　③半分　④0

さくいん

数字 A-Z

Day 関数 ——————————— 91
Do Until…Loop ステートメント —— 89
Do While…Loop ステートメント —— 88
For…Next ステートメント ——————— 88
Hour 関数 ——————————— 91
If…Then…Else…ステートメント —— 86
If…Then…ElseIf…ステートメント —— 86
If…Then ステートメント ————— 85
InputBox 関数 ——————————— 92
Int 関数 ——————————— 91
Minute 関数 ——————————— 91
Month 関数 ——————————— 91
MsgBox 関数 ——————————— 92
Now 関数 ——————————— 91
Scratch ——————————— 59
Second 関数 ——————————— 91
Select Case ステートメント ——————— 87
VBA ——————————— 74
With ステートメント ——————————— 90
Year 関数 ——————————— 91

あ行

アルゴリズム ——————————— 4
イベント ——————————— 77,101
イベントドリブン ——————————— 101
イベントドリブン型プログラミング — 101
うるう年 ——————————— 27
エンゲル係数 ——————————— 39
演算子 ——————————— 18,84
音 ——————————— 73
オブジェクト ——————————— 76

か行

返り値 ——————————— 58
関数 ——————————— 58,90
繰り返し構造 ——————————— 15
結合子 ——————————— 7
コスチューム ——————————— 73
コード ——————————— 61
コメント ——————————— 83
コンパイルエラー ——————————— 94

さ行

最大値 ——————————— 47
サインアウト ——————————— 60
サインイン ——————————— 60
座標 ——————————— 101
算術演算子 ——————————— 84
実行時エラー ——————————— 94
順次構造 ——————————— 11
準備 ——————————— 7

条件判定 —————————————————— 31
条件分岐 —————————————————— 85
消費支出 —————————————————— 39
初期値の設定 ————————————————— 35
処理 ———————————————————————— 7
図式化 —————————————————————— 6
ステートメント ————————————————— 77
スプライト ————————————————————— 71
絶対座標 —————————————————— 101
ゼロ除算 —————————————————— 43
線 ——————————————————————————— 7
選択構造 ————————————————— 13,27
相対座標 —————————————————— 101
添字 —————————————————————— 52
ソートアルゴリズム ————————————— 103

た行
代入 ————————————————————— 19,23
代入演算子 ———————————————— 23,84
端子 ——————————————————————— 7
段取り —————————————————————— 4
定義済み処理 ——————————————————— 7
データ ——————————————————————— 7
デバッグ ————————————————— 9,94

は行
背景 ————————————————————— 73
配列 ———————————————— 30,52,107
配列のデータ型 ————————————————— 52
バグ ————————————————————— 94
バブルソート ——————————————— 103
判断 ——————————————————————— 7
反復構造 —————————————————— 15
比較演算子 ————————————————— 85
引数 ———————————————————— 58,77
標準モジュール ————————————————— 80
ブレークポイント ————————————————— 95
プログラミング ———————————————————— 8
プログラミング言語 ————————————————— 8
プロジェクト ———————————————— 70,78
プロシージャ ————————————————— 77
フローチャート ————————————————— 6
プロパティ —————————————————— 76
分岐構造 —————————————————— 13
変数 ———————————————— 19,66,78
変数の型 —————————————————— 35
変数の初期化 —————————————————— 19
変数の宣言 ————————————————— 78
変数のデータ型 ————————————————— 78
保存 ——————————————————————— 83

ま行
メソッド —————————————————— 76
モジュール —————————————————— 77
戻り値 ——————————————————— 58

ら行
乱数 ————————————————————— 101
リスト ————————————————— 30,67
ループ始端 ————————————————————— 7
ループ終端 ————————————————————— 7
連結演算子 ————————————————— 84
ログイン —————————————————— 60
ログオン —————————————————— 60
論理エラー ————————————————— 94
論理演算子 ————————————————— 85

表紙・本文デザイン／エッジ・デザインオフィス
マンガ／路みちる

事例でまなぶプログラミングの基礎　Scratch・VBA編

● 編　者──実教出版編修部

● 発行者──小田良次

● 印刷所──広研印刷株式会社

● 発行所──実教出版株式会社

〒102-8377
東京都千代田区五番町5
電話〈営業〉（03）3238-7777
　　〈編修〉（03）3238-7785
　　〈総務〉（03）3238-7700

002502022

ISBN978-4-407-35519-2

Excel VBA におけるプログラミングのためのキーボード操作

ローマ字入力の状態
⇧Shift を押しながら打鍵 → `% え` `え`
そのまま打鍵 → `5 え` ← そのまま打鍵

かな入力の状態
⇧Shift を押しながら打鍵 → `え`
← そのまま打鍵

記号	読み方	キー	用途
"	ダブルクォーテーション	Shift + `2 ふ`	文字であることを表す
&	アンパサンド／アンド	Shift + `& お 6 お`	文字をつなげる「連結演算子」として使用する
'	シングルクォーテーション／アポストロフィー	Shift + `' や 7 や`	コメントを記入する際に使用する
(	括弧, 括弧開く, 左括弧	Shift + `( ゆ 8 ゆ`	・数式の括弧として使用する ・関数の引数, メソッドなどの記述に使用する
)	括弧, 括弧閉じる, 右括弧	Shift + `) よ 9 よ`	・数式の括弧として使用する ・関数の引数, メソッドなどの記述に使用する
=	イコール	Shift + `= ほ`	・変数やプロパティに値を代入する ・「等しい」「以上」「以下」の「比較演算子」として使用する
+	プラス	Shift + `+ れ`	足し算の「算術演算子」として使用する
*	アスタリスク	Shift + `* け`	掛け算の「算術演算子」として使用する
<	小なり	Shift + `< ね`	「〜より小さい」「以下」の「比較演算子」として使用する
>	大なり	Shift + `> る`	「〜より大きい」「以上」の「比較演算子」として使用する。ちなみに「<>」は「〜以外」という意味を表す
_	アンダースコア／アンダーバー	Shift + `ろ`	文の継続行を作るために使用する
−	マイナス／ハイフン	`= ほ`	引き算の「算術演算子」として使用する
:	コロン	`* け`	・関数のセル範囲を示す際に使用する ・1行に複数のコードを記述するために使用する
,	カンマ／コンマ	`< ね`	変数や引数, 値の区切り文字として使用する
.	ピリオド／ドット	`> る`	・小数点として使用する ・オブジェクト, メソッド, プロパティの区切り文字として使用する
/	スラッシュ	`? め`	割り算の「算術演算子」として使用する

VBE（Visual Basic Editor）の画面構成

プロジェクトエクスプローラー
現在編集しているブックの構成を表示する場所。
例えばこの画面は，Excel のシートが1つ，マクロ
を記録した標準モジュールが1つで構成されている。

ツールバー
VBE で使用する命令を
アイコン化したボタンが
並んでいる場所

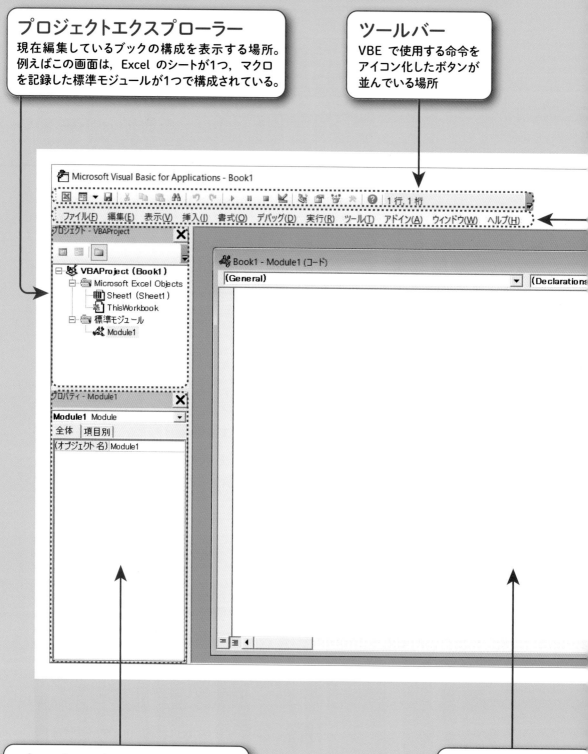

Microsoft Visual Basic for Applications - Book1

ファイル(F) 編集(E) 表示(V) 挿入(I) 書式(O) デバッグ(D) 実行(R) ツール(T) アドイン(A) ウィンドウ(W) ヘルプ(H)

プロジェクト - VBAProject

VBAProject（Book1）
Microsoft Excel Objects
Sheet1 (Sheet1)
ThisWorkbook
標準モジュール
Module1

プロパティ - Module1

Module1 Module
全体 | 項目別
(オブジェクト名) Module1

Book1 - Module1 (コード)

(General)　　　　　　　　　　　　　　　　　(Declarations)

プロパティウィンドウ
マクロを実行するための部品や画面などの
設定を行う場所。通常，マクロを記録した
だけではこの部分には何も表示されない。

コードウィンドウ
直接 VBA のコードを入力
する場所。記録したマク
ロの編集もここで行う。